Devenez

LE PARENT

que vous souhaitez !

ISBN : 978-2-401-10398-6

Direction : Rachel Duc

Responsable éditoriale : Audrey Gérard

Éditrices : Marie Hagège et Mathilde Obergfell

Directeur artistique : Christophe Gomy

Cheffe de studio : Julie Dalle Ave

Conception graphique et mise en page : Joséphine Cormier – La Fabrique Graphique

Fabrication : Cécile Labarthe et Célia Chovin

Devenez LE PARENT que vous souhaitez !

Hatier parents

SOMMAIRE

INTRODUCTION

Bonjour !

Bienvenue dans une conception de la parentalité qui aide à se comprendre, à se respecter, à accepter ses limites et, par extension, **à entrer en relation avec ses enfants.**

En tant que parent ou futur parent, notre culture nous donne **accès à la version très positive de la parentalité** : la douceur, la joie de la transition, l'amour inconditionnel, le sens de la vie trouvé grâce aux partages quotidiens. Il est probable que vous ayez aussi été confronté(e)s aux « ***bad vibes***[1] » de la parentalité. Et pour cause, dans la société actuelle, les jeunes parents manquent de repères fiables et de confiance en elleux. Il y a de nombreuses recommandations, des conseils contradictoires ainsi qu'un soutien approximatif des pratiques parentales qui se répandent depuis une décennie. En tant que **psychologue spécialisée en périnatalité et en accompagnement parental**, je suis aux premières loges pour recueillir et accueillir les souffrances des jeunes parents. Les attentes de la vie quotidienne avec des enfants ne rencontrent pas la réalité du maelström émotionnel que les parents peuvent traverser.

Nous sommes partiellement conditionné(e)s par notre organisation sociétale qui exerce sur nous des contraintes différentes à chaque génération. Ainsi, l'histoire du rapport aux enfants explique beaucoup la manière dont nous nous comportons collectivement avec eux.

En effet, la conception des enfants aujourd'hui, dans l'imaginaire collectif, est à la fois « **une présence de joie et de bonheur** » mais aussi « **une contrainte de la vie personnelle** ». Cette ambivalence, normale et réelle chez tous les parents, a été ignorée dans les transmissions intergénérationnelles : nos aïeux semblaient ne retenir que le meilleur de leur expérience parentale.

De ce fait, il faut être parent avec des informations tantôt tronquées, tantôt idéalisées par une culture nataliste[2], mais démenties par la confrontation avec l'expérience.

---

[1] Mauvaises ondes.

[2] Le natalisme est une doctrine politico-sociale qui vise l'accroissement de la population par les naissances. Par exemple, la France n'octroie des allocations familiales qu'à partir du deuxième enfant... Ce n'est pas du tout la norme dans nos pays limitrophes.

Non, être mère ne rend pas systématiquement épanouie dès la grossesse. Non, être père ne rend pas responsable et intègre dès que l'enfant paraît. Être parent n'est pas si spontané ou naturel, comme le sous-entendent beaucoup de personnes. Si c'était le cas, ce livre n'existerait pas !

Dans les pages qui suivent, j'ai comme ambition de vous transporter dans une forme de métacognition par rapport à la parentalité en général et surtout par rapport à votre façon d'être parent. Nous avons toutes et tous besoin de **prendre du recul** pour mieux appréhender les différents sujets relatifs aux enfants, auxquels nous avons tendance à répondre avec des réactions de protection très fortes. Le sentiment d'être dépassé(e), incompris(e) et sans ressource engendre de l'**angoisse** et du **mal-être**.

Je peux assurer que ce **n'est pas une fatalité** !

Pour préciser mon positionnement, selon moi, la parentalité peut être **profondément féministe**. Ce livre est d'ailleurs émaillé de remises en question de l'organisation patriarcale de la société et explique ses conséquences désastreuses. De plus, mon féminisme et le rapport entre êtres vivants ne trouvent leur sens que dans des relations qui tendent le plus possible vers la non-violence. Ainsi, loin d'un perfectionnisme toxique, j'essaye d'impulser une dynamique qui permet de retrouver de l'authenticité dans ses relations, mais aussi de **l'autocompassion**. Vous n'avez besoin de rien de plus qu'être profondément vous-mêmes, débarrassé(e)s des croyances qui entravent vos propres désirs.

En bref, ce livre a pour vocation de vous **déculpabiliser**, de vous aider et, surtout, de vous donner **plus de liberté** ! Nous avons l'immense chance de pouvoir nous rencontrer à travers ces pages, alors j'ai particulièrement hâte de découvrir combien les éléments apportés dans cet ouvrage pourront vous aider à vous révéler, en tant que personne et en tant que parent.

1.

QUEL PARENT ÊTES-VOUS ?

1

Quels sont les maux qui peuvent m'affecter en lien avec la parentalité ?

Pour dresser le bilan de votre état psychique, flashez ce QR-code.

Dans notre société, la parentalité est souvent perçue comme un rôle à embrasser de manière évidente. Rares sont les informations claires et nuancées à propos de l'impact de la parentalité sur notre santé mentale. En conséquence, la plupart des gens entrent dans la parentalité sans connaître le parcours psychique qui s'opère chez la plupart des parents. Chaque situation a ses spécificités, mais il est aujourd'hui possible de **préparer et de soutenir les parentalités** afin qu'elles débutent au mieux.

LA MATRESCENCE

Si ce mot est plus connu depuis ces dernières années, il est important de rappeler que devenir parent va rebattre les cartes à de nombreux égards :

- place dans la famille ;
- rapport aux parents ;
- attentes envers eux ;
- changements identitaires qui engendrent un sentiment de confusion par rapport à soi-même ;
- modification de ses priorités ;
- abaissement des exigences prévues pour le bébé ;
- modification dans l'équilibre du couple (s'il y en a un) ;
- réveil de certaines valeurs, etc.

En somme, **beaucoup de parents évoluent aux balbutiements de la parentalité,** et cela peut être déroutant de se voir changer sans comprendre ce qui se produit précisément.

Il s'avère que, chez les personnes gestatrices, le bain hormonal de la grossesse s'accompagne de **certains changements au niveau du fonctionnement cognitif**. Les cycles de sommeil évoluent et se synchronisent avec ceux du fœtus. Le gag des femmes enceintes hypersensibles émotionnellement puise sa source dans un brin de vérité : notre cerveau se prépare à être en interaction avec un être qui ne communique qu'en non-verbal et dans un bain émotionnel. La grossesse mène vers un état plus apte à comprendre un nourrisson et à créer du lien avec lui.

Attention à ne pas sombrer dans l'essentialisme selon lequel « ce sont les femmes qui savent mieux ». Certes, le bain hormonal favorise la **réceptivité émotionnelle** ; cependant, les autres personnes qui s'investissent auprès du bébé au quotidien pourront également développer cette capacité. Qui plus est, ce sont aussi les mères qui subissent le plus de troubles psychologiques inhérents à leur parentalité... Et ce n'est pas parce que ce sont des femmes, mais bien parce qu'elles occupent un rôle social intense que la société ne soutient pas.

L'AMBIVALENCE PARENTALE

Il est indispensable de savoir que **la parentalité remue émotionnellement**. Lorsque les nuits sont courtes, que les angoisses sur l'avenir surviennent, que les conflits émergent, il arrive qu'être parent ne procure pas de joie. Cela peut même provoquer un ensemble d'émotions désagréables qui se combinent à la joie d'être parent. Ce n'est pas parce qu'on aime notre enfant qu'on adore toutes les contraintes inhérentes à la parentalité. Il convient de normaliser cette ambivalence largement partagée. Parler des difficultés et de ressentis désagréables rend la parentalité plus réaliste.

LES PHOBIES D'IMPULSION

Avez-vous déjà imaginé que vous jetiez votre bébé dans l'escalier ou par la fenêtre, que vous le secouiez ou encore qu'il s'embroche sur un couteau ? Ces images violentes et intrusives s'appellent les **phobies d'impulsion** et concernent **les trois quarts des jeunes mères**. Cette peur de faire mal à son bébé peut devenir obsédante. Chez certain(e)s, les manifestations sont légères comme « simplement » avoir peur de lâcher le bébé dans l'escalier. D'autres sont profondément envahi(e)s par des images de violence à l'encontre de leur enfant. Une des grandes difficultés de ces intrusions est le tabou qui règne ; la peur de faire du mal à sa progéniture est indicible pour beaucoup. C'est la raison pour laquelle il faut évoquer le fait que cela peut simplement traverser la tête, souvent en signe d'anxiété intense, sans qu'il ne se passe jamais rien de façon concrète.

LA TOCOPHOBIE

La **peur de l'accouchement** porte ce nom un peu toqué. En effet, il arrive très régulièrement que les femmes craignent ce moment considéré comme suspendu ou transcendant. Il existe la tocophobie primaire, chez les personnes dites nullipares (qui n'ont jamais enfanté) et la tocophobie secondaire, relative à un traumatisme de l'accouchement. 20 % des personnes enceintes de leur premier enfant vivraient ces angoisses, de façon légère à modérée, et 6 % auraient une peur phobique.

Les angoisses relatives à l'accouchement peuvent être apaisées par des **séances de thérapie** si cela devient handicapant au cours de la grossesse (projection de mort en couche, crainte de la césarienne, volonté de ne pas accoucher, cauchemars relatifs à l'accouchement, angoisses massives au quotidien...). Il peut également être utile de s'abreuver d'exemples et de **récits de naissances positifs** : bien que les prévisions soient impossibles, nourrir son psychisme de projections positives aide à appréhender les capacités des corps durant l'enfantement.

LA DÉPRESSION ANTÉNATALE ET POST-PARTUM, CONNUE MAIS MAL CONSIDÉRÉE

Selon les diverses sources, **la dépression post-partum touche 10 à 30 % des jeunes parents.**

Les symptômes principaux sont, selon le DSM (manuel diagnostique et statistique) :

- une diminution de la concentration ;
- une extrême tristesse ;
- des pleurs incontrôlables ;
- des sautes d'humeur ;
- de l'irritabilité et de la colère ;
- une fatigue extrême ;
- de l'insomnie ou de l'hypersomnie ;
- une perte d'appétit ou une suralimentation ;
- des céphalées, courbatures et douleurs du dos ;
- des angoisses irréalistes au sujet du nourrisson ou, au contraire, un désintérêt pour lui ;
- un sentiment d'être incapable de prendre soin de l'enfant ou de ne pas être un bon parent ;
- une peur de la mort ;
- de la culpabilité au sujet de ses sentiments ;
- des idées suicidaires ;
- de l'anxiété ou de la panique.

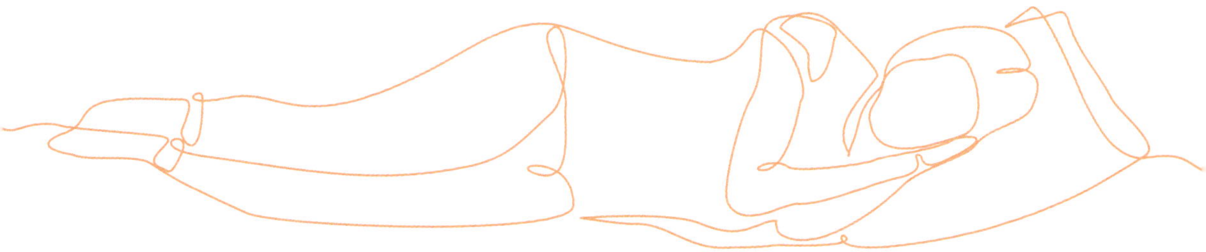

Certains de ces symptômes rejoignent ceux du ***baby blues***. Ce dernier touche la grande majorité des femmes et débute entre 48 heures et 4 jours après la naissance du bébé. Il ne dure que quelques jours. La dépression du post-partum, quant à elle, peut démarrer immédiatement après la naissance ou s'installer dans les 3 à 5 premiers mois et durer plusieurs mois. Celle-ci **impacte la capacité à prendre soin de soi et/ou de son bébé.**

Il est nécessaire de se faire accompagner pour sortir de la dépression afin d'en limiter les dégâts sur soi-même et sur la relation à son enfant. De nombreuses femmes estiment que leur dépression post-partum leur a volé les premières années auprès de leurs tout-petits. Un des facteurs prédisposant à la dépression post-partum est d'avoir fait une dépression anténatale. Elle concerne 10 à 20 % des personnes enceintes et reprend la symptomatologie de la dépression, avec en plus des angoisses relatives à l'enfant à naître ainsi qu'à sa capacité à être parent.

L'HYPERVIGILANCE MATERNELLE

Après une naissance, il est fréquent que les personnes qui viennent d'enfanter soient **en état d'hypervigilance vis-à-vis de leur bébé**. La sensation de fatigue peut être absente pendant les premières heures, malgré les intenses efforts fournis. Dans les situations normales, l'hypervigilance ne dure pas plus d'un jour et il est possible de se reposer. Dans le cas où cela dure, il faut y prendre garde.

Le trouble anxieux que représente l'hypervigilance s'accompagne **d'angoisses relatives à son sommeil, au bébé et aux situations entourant la parentalité**. Par exemple, il peut être inconcevable de confier son enfant pour se reposer. À cela s'ajoutent souvent une difficulté à se concentrer, une perte d'appétit ainsi qu'une irritabilité et un besoin constant d'être en mouvement. L'hypervigilance peut être un des premiers symptômes qui signale une dépression post-partum.

Un paramètre indispensable pour faire retomber l'hypervigilance est la prise en compte des angoisses, l'écoute active ainsi que la présence constante d'un relais pour diviser la charge mentale relative au nourrisson. Il convient de faire tout ce qui est possible pour que la jeune mère puisse se reposer afin que l'anxiété baisse.

L'ANXIÉTÉ

Il est assez commun d'entendre que la parentalité amène une dimension anxiogène à la vie : les parents s'inquiètent forcément pour leurs enfants. Que ce soit leur santé, leurs relations, leur avenir, tout peut être sujet d'angoisses. Lorsque celles-ci demeurent raisonnables, il n'y a pas lieu de s'inquiéter. Cependant, **lorsque l'anxiété prend le pas sur les décisions, sur la relation et même sur les réactions au quotidien**, il convient d'intervenir afin de ne pas transmettre les angoisses aux enfants.

L'anxiété peut symptomatiser les troubles anxieux tels que le trouble d'anxiété généralisée et les crises d'angoisse. L'angoisse peut aussi, elle-même, être un symptôme de la dépression post-partum et de l'hypervigilance maternelle. Il convient de s'intéresser à la situation globale des parents afin de ne pas minimiser leur mal-être.

LE REGRET MATERNEL

Vous êtes-vous déjà demandé POURQUOI vous vouliez vraiment des enfants, compte tenu des contraintes que cela impose ? Avez-vous déjà souffert de ces questionnements ? Aimez-vous vos enfants tout en détestant le rôle de parent ? Si c'était à refaire, feriez-vous des enfants ? Toutes ces questions et les réponses socialement inavouables qui les accompagnent obsèdent les mères qui vivent du regret maternel. **Ressentir le regret d'être mère est tabou dans notre société.** Pourtant, de plus en plus de mères lèvent le voile sur ce sentiment indésirable : si c'était à refaire, elles n'auraient pas d'enfant.

Dans la plupart des cas, le regret concerne le rôle de mère dans la société actuelle, où les femmes portent une grande part de la charge relative à la famille dès qu'il y a des enfants. **Ce sont les mères qui paient le prix fort d'être devenues mères** dans un environnement où l'on demande aux femmes de travailler comme si elles n'avaient pas d'enfant et de s'occuper de leurs enfants comme si elles ne travaillaient pas. Il a été démontré, notamment dans le rapport de l'INSEE « Le temps domestique et parental des hommes et des femmes : facteurs d'évolution », que **la naissance d'un enfant bouscule l'équilibre relativement égalitaire dans les couples hétérosexuels.** La naissance d'un enfant induit que seule la mère reste au foyer pendant plusieurs semaines voire plusieurs mois, déséquilibrant ainsi la relation à l'enfant, mais surtout la charge mentale relative au quotidien. Ainsi, la grande majorité des mères ne regrettent pas l'existence de leurs enfants, elles les aiment intensément et s'en occupent avec attention, mais elles regrettent la faible considération sociale pour le rôle des mères et des femmes.

Je parle ici uniquement du **regret maternel**, bien que le regret paternel existe également. C'est un parti pris sur ce thème, dans la mesure où, actuellement, les mères sont victimes de beaucoup plus d'injonctions quant à la façon d'être une « bonne mère ». Les pères peuvent aisément exprimer leur lassitude d'avoir des enfants, sans qu'ils soient profondément jugés pour cela. Leur désintérêt pour le sujet n'est pas considéré comme intolérable. Cependant, il est évident que les pères peuvent souffrir de leur paternité.

LE DEUIL PÉRINATAL

Le deuil périnatal concerne les différentes situations où la mort s'invite en périnatalité : les arrêts spontanés de grossesse au stade embryonnaire (dits « fausses couches »), les décès de fœtus *in utero*, les interruptions médicales de grossesse, les interruptions volontaires de grossesse, les morts inattendues des nourrissons et les autres décès susceptibles de survenir entre la naissance et l'âge de 2 ans. Certaines définitions sont plus strictes, estimant que la grossesse doit être avancée d'au moins 22 semaines pour parler de deuil. **C'est méconnaître le fonctionnement psychique humain de considérer que le deuil peut être quantifié et mesuré.** La façon dont se déroulent les démarches autour de la mort sera déterminante pour le deuil. Chaque situation est spécifique et chaque parent vivra son deuil de manière unique.

Le modèle des 5 étapes du deuil, élaboré par Elisabeth Kübler-Ross en 1969, évoquait une succession du déni à la suite du choc, puis de la colère, suivie de la phase où la personne cherche à minimiser la réalité et d'une phase d'abattement/dépression qui aboutit à l'acceptation du décès. En réalité, et de l'aveu même de sa théoricienne, il ne s'agit pas d'étapes qui vont arriver les unes à la suite des autres. Il s'agit des **principaux ressentis partagés par les personnes endeuillées**, **qui vont aller et venir en fonction des moments de vie.** Le deuil concerne autant les personnes qui vivent une IVG qu'un décès *in utero*, même si les processus psychologiques sont singuliers chez chacun(e). Aujourd'hui encore, l'accompagnement des parents endeuillés manque d'humanité et de ressources.

Le cas particulier des arrêts de grossesse

En 2021, on comptait **15,7 interruptions volontaires de grossesse pour 1 000 femmes**. Il est indispensable de rappeler, en ces temps de remise en question du droit des femmes, que **les femmes ont toujours avorté**. La légalisation et l'accompagnement, souvent insuffisants d'ailleurs, permettent aux femmes de ne pas risquer leur santé dans leur choix d'enfanter ou non. À l'époque actuelle, **les naissances précoces concernent 12 % des grossesses**. Les **arrêts de grossesse au stade embryonnaire tardif surviennent dans 1 % des grossesses**. Il y a **2 % de décès *in utero* dans le monde**, et cela revient à 5 grossesses sur 1 000 en France.

LE STRESS POST-TRAUMATIQUE

Le trouble du stress post-traumatique (TSPT) peut s'inviter dans la parentalité et impacter le quotidien de différentes manières. Les naissances traumatiques représentent environ 4 % des naissances. Une naissance peut être traumatique si des évènements sont mal vécus pendant le travail ou la naissance même. Une situation peut être traumatogène pour les un(e)s, mais pas pour les autres.

Le vécu de la naissance dépend de ses attentes, de l'accompagnement reçu ainsi que des complications concrètes susceptibles de survenir.

Parents et enfants peuvent également développer un TSPT en cas d'accident ou de maladie. Il arrive aussi que la parentalité réactive des traumas préalables à la parentalité, compliquant le fait d'être parent et d'être en lien avec son enfant. L'accouchement et l'allaitement peuvent, par exemple, réactiver des traumas d'ordre sexuel.

L'accompagnement des enfants au quotidien nous fait retraverser notre histoire, âge par âge. Nous entrons en résonance avec les particularités et les besoins de chaque moment de la vie. Ce n'est pas pour rien que certains parents adorent la toute-petite enfance, mais ont une peur bleue de l'adolescence.

Les similarités ou les profondes différences avec nos enfants engendrent des émotions et des sentiments variés qui peuvent altérer notre bon sens. **Les réactions automatiques** envers les enfants, dans certaines situations, peuvent atteindre une **intensité irrationnelle**.

Afin de vous aider à **reconnaître un état de stress post-traumatique**, sachez qu'il se manifeste par un **sentiment de peur intense, d'horreur et d'impuissance** accompagné d'un ou de plusieurs des symptômes suivants :

- palpitations cardiaques (cœur qui bat anormalement vite) ;
- respiration rapide ;
- tremblements ;
- frissons ;
- transpiration excessive ;
- flashbacks ;
- des pensées qui s'imposent à l'esprit et deviennent incontrôlables, entraînant une détresse qui se manifeste par de l'anxiété et de la dépression ;
- difficulté à ressentir certaines émotions, par exemple de la tendresse ou du désir sexuel ;
- difficulté à se concentrer ;
- difficulté à trouver le sommeil ;
- état d'alerte continu.

Il existe diverses psychothérapies spécialisées dans le traitement des psychotraumatismes comme l'**EMDR** ou l'**ICV** (*Lifespan Integration*), pratiquées par des psychologues dûment formés.

La **prise de médicaments** (anti-dépresseurs, anxiolytiques, somnifères...) peut également être nécessaire pour soulager rapidement les symptômes, sur prescription de psychiatres.

LA PSYCHOSE PUERPÉRALE

Rare et moins documentée que la dépression post-partum, la **psychose puerpérale ou périnatale concerne 0,1 à 0,2 % des naissances** et est un trouble psychiatrique grave. Elle survient dans les deux semaines qui suivent la grossesse, avec des **symptômes spectaculaires**. C'est une réaction extrême par rapport à l'effraction dans le quotidien que constitue la parentalité ; il s'agit d'un **trouble de l'humeur avec des phases maniaques.** Durant l'épisode perçu comme délirant, les propos ressemblent néanmoins à ce que n'importe quelle mère en difficulté peut évoquer... bien que l'intensité soit extrême.

Les **symptômes principaux** sont :

- une difficulté, voire une **impossibilité de se reposer** ;
- une **anxiété**, voire un sentiment de **panique** ;
- un état dépressif, voire un état de stupeur ;
- une **confusion temporelle et spatiale** ;
- des **hallucinations** ;
- des **propos incohérents** sur le bébé ;
- un sentiment persistant de **culpabilité**, d'être une mauvaise mère, d'effondrement ;
- un sentiment d'être **harcelée par le bébé** ;
- une **peur irrationnelle** d'être tuée, empoisonnée, épiée.

Ces symptômes ne doivent pas tous être observés pour qu'il soit nécessaire de rechercher de l'aide. C'est principalement l'entourage proche qui peut prendre cette initiative, puisque l'état de détresse de la mère ne le lui permet pas. Cette situation nécessite souvent une hospitalisation pour être traitée.

LE CHANGEMENT D'IDENTITÉ ET D'AVIS

« Je ne suis plus **celle que je pensais être ! »**

Lorsque nous devenons parents, nos priorités changent, mais également une grande partie de notre organisation quotidienne, et ce dès la grossesse. Devenir un adulte qui accompagne et transmet engendre un changement de rapport au monde. De ce fait, nous opérons souvent **une relecture de notre vie et de notre manière d'agir.**

De même, les consciences peuvent s'éveiller avec la parentalité. Par exemple, bien qu'en France, depuis juillet 2021, les seconds parents puissent bénéficier de 28 jours de congé pour l'accueil d'un enfant, dont une semaine obligatoire, beaucoup de pères ne les prennent pas tous. Ainsi, dès le retour au travail, **une asymétrie envers les enfants se crée** : les mères bénéficiant de plus de semaines de congé maternité, elles se spécialisent plus vite que le/la conjoint(e) dans le soin au nourrisson. Cette asymétrie, visible même dans les pays plus égalitaires comme la Finlande, engendre souvent des **points de tension dans l'organisation familiale et dans la perception de la parentalité.** C'est ainsi que beaucoup de femmes prennent conscience de l'injustice du traitement de la mère dans la société. Les conséquences du patriarcat sur les enfants et les femmes peuvent sauter au visage alors que cela semblait plus ou moins tempéré en fonction de sa philosophie de vie. Beaucoup de femmes flambent alors de militantisme dans les premières années de la vie de leurs enfants, afin que la société se rende compte des absurdités commises envers elles, leurs enfants et tous les parents en général.

Le féminisme et les droits des enfants deviennent prégnants dans leur vie, alors que ces sujets étaient pour elles accessoires avant qu'elles ne deviennent mères.

Un autre point indéniable est la capacité de **la parentalité à nous faire changer d'opinion.** Par volonté d'anticiper, nous avons tendance à prévoir nos réactions dans certaines situations spécifiques avec les enfants :

- « Bien sûr, il sera dans sa chambre à 6 mois ! »
- « Je vais l'allaiter jusqu'à 1 an ! »
- « Nous serons fermes ! Il y aura les mêmes règles que lorsque j'étais enfant ! »
- « Je reprendrai le travail après le congé maternité ! »

Mais ensuite, les sentiments et les réactions se connectent à la réalité de la vie, avec ce petit être qui n'est qu'émotions et communication non-verbale. **Les croyances volent alors en éclats sous le poids des contraintes quotidiennes**, qui sont extrêmement différentes d'une famille à l'autre, d'un bébé à l'autre. L'important pour la plupart des parents devient donc plus simple : parvenir à manger, à dormir, à se laver et à faire en sorte que l'enfant aille bien. L'angoisse de prendre soin d'un nouveau-né chamboule beaucoup de parents, qui font face à une alternance entre sentiment de compétence et de totale inefficacité. Là encore, cela dépend énormément de la santé mentale de chaque parent et de la façon dont se comporte le bébé. Il est impossible de comparer le quotidien d'un bébé en bonne santé et paisible avec celui d'un bébé atteint de reflux gastro-œsophagien (RGO) qui endure une souffrance régulière. Ainsi, ce qui apparaît comme indispensable évolue en fonction de la réalité des différents membres de la famille et du bain sociétal.

Il existe de nombreuses recommandations en puériculture, qui doivent s'ajuster aux possibilités de chacun(e). L'**allaitement** pourra être réduit s'il n'est pas apprécié ou bien se poursuivre 5 ans sans que ce soit prévu. Le **cododo** peut être envisagé à la dernière minute ou être évité s'il active l'hypervigilance. Le **portage** peut assouvir le besoin de contact du bébé tout en préservant sa liberté de mouvement ou, au contraire, être délaissé s'il provoque de l'inconfort. Pour certains parents, rencontrer **ce type de parentage proximal est une révélation dans leur possibilité d'être parent**. Encore perçues comme marginales de nos jours, ces pratiques refusent les injonctions données qui éloignent les enfants des parents et attendent qu'ils soient rapidement autonomes. Cependant, elles deviennent un inconvénient quand on essaie de les généraliser à tous les schémas familiaux et qu'on tente de convaincre les autres que c'est LA bonne voie à suivre. Le maternage proximal peut venir à soi spontanément, sans être théorisé, et se vivre presque instinctivement. Il peut aussi être induit par des connaissances sur le sujet et la volonté de correspondre à cette parentalité proximale qui semble idéale, bien que prenante. Ou pas. **L'important est de savoir s'écouter et de s'ajuster à ses besoins autant qu'à ceux du bébé**. Nous ne pouvons pas sacrifier nos ressentis sur l'autel du bien-être infantile : cela n'a pas de sens en termes de valeurs à transmettre.

Nous sommes **la première génération de parents à avoir accès à autant de connaissances sur le développement infantile** ; nous tentons ainsi de rompre avec une parentalité brutale qui nous a été inculquée et de trouver un équilibre dans les besoins de toutes et tous. C'est normal que cela soit chaotique de temps en temps, puisque les ajustements sont nécessaires.

Les choix éducatifs vont se moduler au fur et à mesure des échos que cela induit en nous. Ce qui semblait sûr avant la venue au monde de CET enfant-là est remis en question perpétuellement. De plus, la santé mentale, la qualité des liens entre les parents et le degré de soutien social impactent les réactions envers les enfants. Tout ce contexte ne peut donc pas être anticipé. Notre propre éducation est remise en question, nos failles sont mises à nu… **Et nous devons naviguer, parfois à vue, pour le mieux.**

Ces changements de cap peuvent **fragiliser le couple**, puisque les remises en question proviennent très souvent du parent qui a porté et consacré la plupart de son attention à l'enfant. La parentalité dans le couple amène forcément des frictions, car les deux rôles parentaux ne peuvent s'unifier à chaque instant. Deux individus ont **un regard singulier sur une situation**, chaque membre du couple porte **un bagage de souvenirs d'enfance et de connaissances éducatives** qui lui sont propres, ce qui peut provoquer de l'incompréhension chez l'autre partenaire. Ces situations nécessitent la plupart du temps de **se poser des questions et de s'écouter.**

L'AVERSION ET LES SENTIMENTS AMBIVALENTS DURANT L'ALLAITEMENT

L'allaitement est reconnu comme l'alimentation la plus adaptée pour les bébés humains, et pourtant... Peu remettent en question le malaise que peuvent ressentir certaines personnes vis-à-vis de leur poitrine. Peu remettent en question la peur de la dépendance dans le cadre de l'allaitement. Peu évoquent concrètement le vécu de l'allaitement dans le couple, le rôle du second parent ou encore le métabolisme de la personne allaitante. Toutes ces questions sont laissées à couvert. Sous prétexte de « choix », aucune information n'est donnée. **Mais, aujourd'hui, toutes les questions peuvent être posées !** Osons mettre à mal les croyances autour de l'allaitement, ainsi que nos propres croyances limitantes.

L'allaitement demeure aujourd'hui une question phare dans la maternité. Pour certaines mères, il constitue un arc indispensable de leur maternité. Pour d'autres, il est perçu comme aliénant. Ce qui est considéré comme évident, c'est qu'il devrait être agréable. Mais cela n'est pas si simple. Les mères peuvent être accusées d'être incestueuses si elles trouvent plaisant d'avoir le bébé au sein. C'est un héritage de la culture chrétienne, selon laquelle plaisir et maternité ne peuvent pas aller de pair. Dès lors, le sein ne doit surtout pas être donné à contre-cœur, mais il ne doit pas non plus provoquer de plaisir !

Pourtant, oui, **bien sûr que vous avez le droit d'aimer allaiter.** Parce qu'allaiter vous donne cette proximité intense, ce *shoot* d'ocytocine qui relaxe et ce rôle si spécifique. Quand cela se passe bien, c'est un très bon moyen de se sentir puissante et efficace auprès du bébé. MAIS... **Parfois, ça ne se passe pas comme prévu.** Si la mise au sein n'est pas bien accompagnée, cela crée des douleurs : une gêne en début de tétée est fréquente les premiers jours. Cette mauvaise position peut créer des crevasses... Elles peuvent provoquer des douleurs insoutenables, d'où l'intérêt de **se renseigner et de s'entourer de professionnel(le)s formé(e)s.**

Alors, ces personnes qui ont poursuivi leur allaitement malgré une période de douleurs, l'ont-elles fait « pour elles » ? Oui. Elles l'ont fait pour être alignées avec cette valeur qu'elles trouvaient indispensables dans leur parentalité. Pour autant, ce n'était pas forcément un plaisir, cela pouvait même être une vraie torture jusqu'à ce qu'une solution soit trouvée. Plusieurs autres phénomènes sont susceptibles de créer un grand malaise durant l'allaitement. Les parents gagneraient à mieux les connaître et les comprendre afin de moins culpabiliser de leurs « échecs » et d'éventuellement se faire aider.

LE RÉFLEXE D'ÉJECTION DYSPHORIQUE (RED)

Il s'agit d'un phénomène qui se produit **juste avant le réflexe d'éjection du lait**, lors des premières succions du bébé pendant une tétée. Le RED se caractérise par des sensations comme **l'angoisse et la dépression, l'envie de partir et les nausées.** Il peut également mener à des pensées suicidaires, de la panique, une agitation, un sentiment d'être attaquée, de l'agressivité et/ou la sensation d'être emprisonnée. Habituellement, les sensations s'estompent au bout de 30 secondes à 2 minutes... Mais elles peuvent revenir si plusieurs réflexes d'éjection surviennent lors d'une même tétée.

Il semble que ce soit une **réaction aux phénomènes hormonaux** qui se produisent pendant une tétée. Plusieurs hypothèses co-existent sans qu'aucune n'ait été formellement validée : une piste serait la chute brutale du taux d'un neurotransmetteur, la dopamine, lors du réflexe d'éjection ; une autre serait en lien avec les psychotraumatismes et les troubles de l'attachement. Les femmes qui vivent un RED ne peuvent pas contrôler leurs pensées automatiques pendant les épisodes, ni modérer les sensations. Cependant, il est intéressant pour elles de se pencher sur leurs habitudes au moment de la tétée et sur leur hygiène de vie ; elles peuvent alors intervenir sur la suffisance du sommeil (difficile lors des premières années), sur l'équilibre alimentaire et demander du soutien à l'entourage.

Le réflexe d'éjection dysphorique n'est donc pas une aversion à l'allaitement, mais bien une réaction physiologique à l'éjection du lait. Les femmes expérimentant un RED ne doivent pas en conclure que l'allaitement n'est pas pour elles. Il est important qu'elles puissent l'identifier, car cela peut les rassurer : leur mal-être est légitime, elles ne sont pas « folles ». Il apparaît aussi indispensable de les **déculpabiliser quant aux effets qu'aurait alors un « allaitement à contre-cœur » sur leur bébé.** Certaines femmes qui tiennent réellement à leur allaitement sont prêtes à aller au-delà des inconforts sévères et, tant que cela leur convient malgré tout, cela ne cause aucun tort à leur enfant !

L'ALLAITEMENT AVEC AVERSION ET AGITATION (AAA)

Ce second phénomène est encore moins connu que le RED. Il est nécessaire de rappeler que ce n'est pas une aversion pour la pratique de l'allaitement, ni une aversion inhérente à un abus, ni une volonté de donner des préparations commerciales pour nourrissons, autrement dit du lait infantile, à son bébé. L'allaitement avec aversion et agitation présente des **signes distinctifs** :

- **se sentir envahie, avec trop de contact physique ;**
- **ressentir de l'inconfort, de la douleur, des démangeaisons envahissantes pendant la tétée ;**
- **ressentir de la colère, de la rage quand bébé est au sein ;**
- **se sentir désespérée et vouloir partir ;**
- **vouloir sevrer, puis changer d'avis ;**
- **ressentir de la honte, de la culpabilité à propos des sentiments décrits plus haut.**

L'aversion peut avoir lieu **une fois ou à chaque tétée.** Elle peut apparaître dès les premiers jours ou survenir du jour au lendemain, quel que soit l'âge du bébé ou de l'enfant. Cette réaction étonne souvent celles qui vivaient jusqu'alors un allaitement globalement épanoui. Il peut y avoir des situations où l'AAA apparaît particulièrement : en cas de fatigue intense, grossesse, co-allaitement, déshydratation, comorbidité de la dépression post-partum, manque de vitamines et minéraux, ovulation, retour des règles ou si la fréquence des tétées augmente soudainement, à cause de douleurs dentaires, par exemple. Bref, des situations qui bousculent le corps et l'esprit.

Afin d'aider les personnes allaitantes, il est indispensable de **leur laisser l'espace pour exprimer ce qu'elles ressentent** et de mettre en lumière le fait qu'elles ne sont pas seules à vivre ce phénomène. Ensuite, il est intéressant de se pencher sur les éventuelles causes citées plus haut ; savoir que l'aversion a lieu à certains moments du cycle menstruel ou en cas de grande fatigue peut permettre de mieux supporter ces épisodes. On peut aussi **améliorer la qualité de l'alimentation** et assurer **un apport suffisant en vitamines D et B12**, car il semble que cela aide à réduire l'intensité de l'aversion.

La prise du sein et les potentielles gênes occasionnées peuvent être la source d'une **aversion progressive**. Cela concerne tous les âges et, même si la prise est correcte par le nourrisson, elle peut se détériorer quand celui-ci devient bambin. Il faut bien vérifier l'ouverture de la bouche, le retroussement des lèvres et la position de l'enfant lors des tétées. Une autre astuce pour diminuer le sentiment d'aversion est de mettre en place une distraction cognitive : allaiter en étant entourée et en discutant, tenir un glaçon dans sa main, mettre de la musique... tout ce qui permet à votre cerveau de se détacher partiellement des émotions négatives générées par la tétée.

LES DIFFICULTÉS DE CONCEPTION

La façon dont les enfants ont été conçus impacte l'histoire de la parentalité. **Lorsqu'il se produit des difficultés de conception, l'envie de grossesse et d'enfant peut devenir obsédante** ; c'est déroutant, de se sentir trahi(e) par son corps. Nous apprenons toutes et tous que, dans le cadre de rapports hétérosexuels, nous avons besoin d'être contracepté(e)s. Pourtant, selon l'OMS, **1 personne sur 6 est touchée par l'infertilité**. Être entravé(e) dans son désir de fonder une famille peut engendrer de la crispation et une perte de confiance en soi. En effet, l'attente par rapport à la grossesse et à la naissance d'un enfant n'est pas la même lorsqu'une grossesse est imprévue ou attendue depuis 2, 4 ou 6 ans !

Dans ces derniers cas, les **montagnes russes émotionnelles** qui suivent le cycle menstruel conduisent à ne pas se sentir totalement en sécurité durant la grossesse. Il peut y avoir plus d'angoisses et d'appréhensions à la suite de difficultés à concevoir, donc les couples sont davantage mis à l'épreuve.

Les deux partenaires n'ont jamais le même point de vue sur le chemin de la procréation : être un parent gestateur et être « l'autre » induit inexorablement une **perspective singulière sur le parcours.** Il peut être nécessaire de consulter un(e) psychologue connaissant la PMA lorsque des difficultés se font ressentir à ce sujet. Mépriser les chamboulements de cette période peut amener des tensions, voire de l'amertume qui, ainsi accumulée, réémerge à une autre période compliquée, comme le post-partum.

De plus en plus de situations sont prises en charge dans les services de **procréation médicalement assistée (PMA)**, notamment les couples lesbiens et les femmes célibataires. Bien que l'infertilité soit de fait dans ces derniers cas, des difficultés à concevoir et une infertilité expliquée ou non peuvent aussi se greffer sur le parcours.

LE SENTIMENT D'ÊTRE REJETÉ(E)

Lorsqu'un enfant naît, il va interagir singulièrement avec chaque personne. Les parents sont les premiers concernés par le lien avec le bébé ; la plupart du temps, il y a une volonté intense de **créer une connexion** et d'avoir une place auprès de lui. Des images de la tradition tendent à nous faire croire que les relations avec les parents devraient être symétriques et que tous deux peuvent obtenir la même complicité avec les enfants. Nous oublions parfois que **les relations ne se quantifient pas** et que les tout-petits ne prennent pas en compte le nombre d'heures passées par jour, mais retiennent la façon dont les interactions s'effectuent. Si les deux parents sont tout à fait fonctionnels, un enfant peut quémander davantage d'attention à la personne la plus sereine à son goût. Cela ne veut pas dire qu'il y a une faille énorme de la part de l'autre parent pour autant.

De plus, notre société impose à l'un des parents de s'éloigner du bébé pour retourner travailler et de laisser la personne qui a accouché seule au domicile avec le nourrisson. J'ai l'intime conviction que, **dans quelques décennies, ce choix d'organisation sociétale sera considéré comme aberrant** par tout le monde. J'en suis certaine, parce que ce modèle est **très récent dans notre culture** et surtout **totalement déconnecté des besoins des parents et des bébés**.

LE DÉNI DE GROSSESSE

Ne pas être enceinte, mais avoir un enfant dans le ventre depuis 4, 6 ou 9 mois est une expérience complexe à gérer. Ce phénomène psychique a été rendu publique par de sordides histoires dans lesquelles les mères tuaient leur nouveau-né. La réalité est bien plus variée, même si **la situation peut être violente pour la personne gestante.**

Le **déni de grossesse** est considéré comme un **trouble de la gestation psychique**. Il existe des dénis de grossesse partiels, permettant aux futurs parents de se préparer autant que faire se peut à l'accueil du bébé, mais on peut aussi découvrir qu'on est enceinte le jour de l'accouchement ; il s'agit alors d'un déni de grossesse total. Dans toutes ces situations, **les personnes gestantes ne savent pas qu'elles sont enceintes.** Elles ne cherchent absolument pas à le dissimuler, mais interprètent toutes les sensations ou symptômes comme des manifestations singulières sans avoir un doute sur une éventuelle grossesse.

Lors des situations de vie où le psychisme d'une personne est perturbé, l'attention peut être captée par moult éléments sans que la personne n'ait la faculté de se pencher sur elle-même. **L'impossibilité de penser la grossesse se lie à une impossibilité d'être parent à ce moment de vie.** Il faut préciser qu'un déni peut aussi survenir chez une femme ayant déjà eu des enfants. En effet, être enceinte s'effectue dans le corps tout autant que dans le psychisme qui se prépare à un rôle parental. Le déni s'inscrit, selon le psychiatre Benoît Bayle, dans une **fonction protectrice de la personne gestante**. Le corps des personnes qui subissent un déni de grossesse ne laisse pas apparaître qu'elles portent un enfant. Ce dernier s'est logé de manière verticale dans le corps. Lorsqu'un déni partiel de grossesse est découvert, les changements physiques sont alors spectaculaires. Le ventre s'arrondit dans les heures qui suivent et atteint l'apparence habituelle d'une personne enceinte au terme défini. **Incarner le rôle de parent après un déni de grossesse est un défi**. Lorsque le déni de grossesse a été total, les douleurs relatives vécues avant de savoir qu'il s'agissait d'un accouchement ont provoqué énormément de peurs, jusqu'à la peur de mourir. Cela est généralement vécu comme un **traumatisme**, avec des répercussions psychiques importantes. Après son accouchement, la personne a donc besoin d'être prise en charge psychologiquement par une équipe soignante, afin de cheminer vers la parentalité.

Le déni de grossesse peut générer des peurs relatives à la santé du bébé, puisque l'hygiène de vie n'a peut-être pas toujours été bonne pour un fœtus. Comme il n'y a pas eu de suivi médical, ces grossesses sont toujours considérées comme des **situations à risque**. Les bébés nés d'un déni de grossesse sont exposés au risque de prématurité, d'un faible poids de naissance et d'un retard psychomoteur.

Au terme de cette lecture mettant en lumière les situations qui peuvent affecter la santé mentale, j'espère que vous comprendrez que chaque histoire parentale est singulière. Se comparer aux autres est indubitablement biaisé ! **Personne ne vit la même chose que vous.** Vos ressources sont fluctuantes au cours de votre existence. Et même s'il existe des similarités entre votre situation et celle de quelqu'un d'autre, vous avez une vie différente et un corps singulier.

2

Questionner ses modèles ainsi que ses valeurs parentales et personnelles

Pour analyser l'impact de votre histoire personnelle sur votre expérience de la parentalité, flashez ce QR-code.

QUE SONT LES VALEURS ?

Les valeurs qui nous habitent participent aux décisions prises au quotidien. Elles expliquent partiellement **pourquoi nous agissons comme nous le faisons**. Par exemple, si une personne exprime une forte valeur d'écologie, il est probable que des actes de préservation des ressources soient présentes dans son quotidien : sobriété énergétique, économie de l'eau, achat en vrac, etc. Cependant, personne n'est parfaitement exemplaire dans ses actions : malgré des valeurs fortes, faire preuve de **flexibilité** peut s'avérer nécessaire quand respecter ses convictions devient trop complexe. Le manque de ressources (sociales, financières, sanitaires, mentales, etc.), en particulier, entrave l'incarnation concrète des valeurs ; il n'est pas possible de camper une posture idéalement empathique, maternante ou encore éducative lorsqu'il est à peine possible de répondre à l'ensemble de ses besoins physiologiques, notamment chez les jeunes parents.

L'impossibilité de vivre dans le respect complet de ses valeurs engendre souvent une **souffrance**. La culpabilité se révèle **lorsque nos comportements ou ceux de nos enfants ne correspondent pas à nos attentes**, sans prendre en compte les raisons qui induisent l'incapacité à agir conformément à nos envies profondes. En effet, il faut rester attentif à ceci : les valeurs de vie ne permettent pas d'expliquer à elles seules nos actions, il y a moult raisons qui tempèrent et modifient l'expression de nos idéaux.

LES VALEURS PARENTALES

Les **valeurs parentales** sont les valeurs que les personnes veulent incarner dans le cadre de leur parentalité et transmettre à leurs enfants. En fonction du terreau familial, il y a des valeurs qui deviennent particulièrement importantes lors de la naissance des enfants. Par exemple, tout ce qui a trait à la religion, au fait d'être « bien élevé(e) », au niveau d'instruction, au prestige professionnel… pouvait être passé sous silence jusqu'à envisager la parentalité. Ne faire aucun compromis à cet égard est l'un des facteurs du ***baby-clash*** et de la « crise de couple », parmi tant d'autres :

- mépriser les ressentis de l'autre ;
- ne pas s'adapter aux ressentis du partenaire ;
- imposer ses opinions et celles de sa propre famille dans l'éducation de l'enfant.

La **prise de recul** concernant ces valeurs permet d'observer d'où elles émanent et de confronter ces attentes à la réalité. Est-il possible que de petits enfants, et même des adolescents, soient dotés d'ordre, de sens critique, de modestie, d'autonomie et d'indépendance ? Le risque de vouloir précipiter l'acquisition de ces valeurs chez les enfants est de les **confronter à notre insatisfaction et à notre déception**. La question de la transmission des valeurs est un point du vécu parental à part entière… d'autant plus lorsqu'il y a deux parents qui ont chacun des perspectives distinctes à ce sujet.

CONFLIT DE VALEUR EN COUPLE

Lors de la construction d'un couple, les valeurs partagées permettent de se rassurer sur le fait d'être respecté(e). Pourtant, **deux individus ne se rencontrent jamais sur l'ensemble des valeurs existentielles** et cela peut déjà créer des étincelles dans la gestion quotidienne d'un foyer. Lorsqu'un enfant naît, la **transmission des valeurs** peut devenir un **arc de conflits** : des divergences d'opinions peuvent engendrer des disputes questionnant la pérennité du couple.

Cela s'accompagne souvent de **non-dits** : la volonté de vivre certaines valeurs ne se traduit que par certains comportements au quotidien, sans que cela soit verbalisé. Par exemple, un parent peut être très inquiet que son bambin se tienne à distance des inconnus, tandis que cela rassure son autre parent. Le premier vit avec une forte valeur de sociabilité alors que l'autre penche vers le respect de la singularité et de l'intégrité personnelle. Les valeurs teintent aussi l'interprétation des situations. Dès lors, **expliciter les pensées qui conditionnent les réactions émotionnelles et comportementales** permet aux parents de mieux se comprendre.

Il est possible d'aller encore plus loin dans le raisonnement : pourquoi l'un des parents craint la solitude ? Pourquoi l'autre a peur des inconnus ? **Quelles sont les attentes par rapport à cet enfant selon son âge ?**

Le fait de s'écouter puis de **communiquer authentiquement**, sans accuser l'autre et en parlant de soi, ouvre les portes d'une **bonne entente**. Je conseille vivement le livre phare de la communication non violente écrit par Marshall B. Rosenberg, *Les mots sont des fenêtres (ou bien ce sont des murs)*.

Lors des conflits parentaux récurrents, il est utile de **remettre en question son rapport à diverses valeurs** comme :

- la singularité ;
- l'autonomie ;
- le fait d'être bien avec soi-même ;
- l'humilité ;
- la compassion et la gentillesse ;
- la sociabilité ;
- le sens du pardon ;
- l'altruisme ;
- la détermination ;
- la tolérance ;
- le respect des personnes vulnérables ;
- l'ordre ;
- le fait d'être bien élevé(e) ;
- la fierté de sa culture ;
- l'investissement auprès de sa famille ;
- l'honneur de la famille ;
- la sécurité professionnelle ;
- le niveau de diplôme ;
- le prestige professionnel ;
- la façon d'entretenir sa santé ;
- la vision du mariage ;
- les ami(e)s proches ;
- la question des enfants ;
- le développement du sens critique ;
- la résilience ;
- l'indépendance ;
- l'importance de la gratitude ;
- la compétitivité ;
- la collaboration, etc.

Explorer toutes ces valeurs dans votre couple vous permettra de **mettre en évidence les points de divergence et les ressources** qui vous soudent. Une manière d'effectuer cette évaluation est de **donner un ordre d'importance aux valeurs**, de 1 à 5, puis de comparer ses résultats avec l'autre. Soyez prêt(e)s aux divergences ! Grâce à celles-ci, vous allez apprendre à mieux connaître votre partenaire. Cela peut induire de la déception, du soulagement, de la colère et/ou un grand enthousiasme ; toute cette palette émotionnelle est normale et va servir à se questionner mutuellement sur le classement établi par chacun au sujet de ces valeurs. Quoiqu'il en soit, gardez l'esprit ouvert, ne cherchez pas à convaincre et connectez-vous ensemble pour discuter.

CONFLIT AVEC SES PROPRES VALEURS

Respecter ses propres valeurs ne dépend pas que de notre volonté. Notre singularité existentielle engendre forcément des **contraintes qui nous sont propres**. Il est vain de comparer une personne nantie qui a bénéficié d'une instruction basée sur l'esprit critique et la rhétorique avec une autre qui a dû lutter avec le manque de moyens toute sa vie et qui a appris à survivre avant tout. Toutes deux peuvent être écologistes, mais elles ne peuvent pas incarner cette valeur de manière similaire. C'est pour cette raison qu'il faut être très vigilant(e) aux propagandes politiques qui visent le comportement des personnes au lieu de réfléchir au système qui conditionne nos comportements.

En outre, **il est fréquent que les évènements de la vie viennent se confronter aux valeurs**, qui s'accompagnent d'attentes et de projections. Imaginons : une personne pour qui la famille est une valeur importante espère créer un clan vaste, mais elle se retrouve touchée par l'infertilité. Le deuil d'une famille nombreuse sera plus difficile. De même, la naissance d'un enfant porteur de handicap ou avec une santé fragile implique de revoir ses priorités éducatives, voire l'intensité de certaines valeurs profondes. Quand on craint pour la vie de son enfant, la projection du prestige professionnel ne fait plus beaucoup de sens. Il est aussi important de se rappeler que **l'expression de nos valeurs est flexible au cours de la vie** ; les ressources disponibles font **varier nos priorités**, pour le bien de notre santé mentale.

LA PARENTALITÉ AVEC DES MULTIPLES

Certaines conditions de parentalité viennent décupler les situations qui peuvent atteindre nos ressources. **Les grossesses multiples** sont parmi ces cas qui engendrent des particularités, notamment en santé mentale. Selon une étude publiée dans le journal *Human Reproduction*, il n'y a jamais eu autant de jumeaux qu'aujourd'hui. **Le taux de gémellité s'est accru en 30 ans**, passant de 9,1 accouchements pour 1 000 dans les années 1980 à 12 dans les années 2010 ; **près d'un bébé sur 40 est un jumeau**. Les grossesses triples spontanées concernent 1 grossesse sur 7 000. La raison principale de l'augmentation des grossesses multiples est le **recours à la PMA**. Lors de grossesses multiples, le corps des personnes gestantes est soumis à rude épreuve. De leur côté, le plus grand risque pour les bébés issus de grossesses multiples est de naître **prématurés**. La prématurité induit une **fragilité accrue des bébés**, qui peut nécessiter de très lourds soins. Ainsi, la parentalité multiple s'accompagne souvent d'une crainte pour la survie des enfants. Cela augmente le niveau d'angoisse dès la grossesse, qui est également plus à risque qu'une grossesse mono-fœtale.

Lorsque les bébés et les parents sortent de l'hôpital en bonne santé, c'est l'**organisation** qui devient un enjeu prioritaire. Gérer plusieurs nouveau-nés puis des enfants avec exactement le même âge est un défi. Plus de sollicitations, plus de fatigue, plus de charge pour des ressources équivalentes, voire plus faibles.

Les études sur la santé mentale des parents de multiples démontrent que 48 % d'entre eux auraient besoin de soins psychologiques, mais que **10 % seulement en reçoivent**. Durant les trois premiers mois de vie des bébés, 25 % des parents de multiples souffriraient de troubles anxieux, et 15 % de dépression post-partum. Les parents de multiples ont un besoin particulier d'être accompagnés et soutenus en post-partum et durant les premières années de vie.

L'HOMOPARENTALITÉ

Nous pouvons croire que l'homoparentalité est banalisée. Pourtant, la France évolue très doucement à ce sujet et les **manifestations homophobes** peuvent encore avoir lieu. Il a été démontré à de nombreuses reprises que les enfants élevés par des parents du même genre allaient AU MOINS aussi bien que ceux élevés dans une famille hétérosexuelle. Cependant, être un parent dans une structure familiale perçue comme atypique impose de **se confronter à des stéréotypes et à des jugements** ; les attentes par rapport à l'homoparentalité seront donc plus hautes que pour une parentalité hétérosexuelle. En conséquence, les parents homosexuels estiment devoir faire plus d'efforts et être encore plus irréprochables que les parents hétérosexuels.

Le fait de se mettre la **pression** est un facteur susceptible d'atteindre la santé mentale, tout comme le fait d'être confronté(e) à des **jugements** et à de la **discrimination**. Il est indispensable de rappeler que **les troubles de santé mentale des personnes LGBTQIA+[1] sont inhérents au rejet social et culturel de leur existence**. Si la société et ses membres acceptent, reconnaissent et légitiment l'altérité, il n'y a pas de troubles psychologiques associés, ce sont les préjugés négatifs qui en créent. Afin de sortir de cette ornière d'atypicité, le **recours aux associations de familles LGBTQIA+** est une voie pour se mettre en lien avec d'autres parents partageant la même réalité.

[1] Lesbienne, Gay, Bisexuel(le), Transgenre, Queer, Intersexe, Asexuel(le) ou Aromantique +

LA PARENTALITÉ EN SOLO

Pour la première fois dans l'histoire de l'humanité, **les femmes sont de plus en plus nombreuses à décider de faire un bébé seules**. Selon les chiffres de 2022, plus de la moitié des demandes de prises en charge en procréation médicalement assistée émanent de femmes seules. **En 2021, l'INSEE constate que 25 % des familles sont monoparentales**, la plupart du temps après une rupture du couple. Le choix de faire un enfant seule répond à un désir d'enfant sans avoir l'envie de partager la charge parentale avec quelqu'un. De plus en plus de femmes souhaitent **s'épargner les conflits et les tensions** autour de leurs choix parentaux, mais aussi les difficultés en cas de séparation, qui survient au sein d'environ 25 % des couples dans les 4 ans après la naissance d'un enfant. Ainsi, certaines femmes décident de **dissocier le rôle de compagne de celui de mère**. Il est impossible de résumer ici les raisons qui poussent une femme à concevoir un enfant seule. Les situations sont toutes singulières et méritent qu'on s'y attarde sans jugement.

Comme pour toutes les familles monoparentales, il y a un risque plus grand de **pauvreté**, puisqu'il n'y a qu'un revenu, même si la vie en couple a aussi un lourd coût pour les femmes.

La santé mentale des mères solo dépend de la façon dont l'entourage social les soutient, de leur santé physique et celle de leur(s) enfant(s) ainsi que des ressources disponibles. Comme dans le cas des couples homosexuels, les mères seules ont l'impression de devoir être **exemplaires** afin que leur composition familiale ne subisse pas de critique. **La pression sociale et le manque de relais** sont les deux principales sources de leur **mal-être**.

CRÉER UNE ADELPHIE[1]

Autour de nous, il y a davantage de familles avec plusieurs enfants que d'enfants uniques. D'ailleurs, en France, les familles ne reçoivent une allocation familiale qu'au deuxième enfant. Implicitement, cela fait comprendre qu'avec un seul enfant, on n'est pas une vraie famille. C'est un ersatz en attente d'être complété, de préférence avec des enfants de genre différent. **Créer une adelphie** est donc un questionnement dans beaucoup de familles, puisque c'est la **norme**. Mais *quid* du désir d'enfant ? Que projetons-nous dans la création d'une adelphie ? Qu'imaginons-nous comme vie avec plusieurs enfants ?

Il est fréquent que les parents craignent que leur amour ne puisse pas être décuplé et qu'ils doutent de leur capacité à prendre soin de plusieurs enfants simultanément. **Le fait est que notre énergie ne peut pas se multiplier.** Certain(e)s vont alors choisir de conserver ce statut de famille avec enfant unique, avec tous les préjugés qui l'accompagnent : leur enfant finira égoïste, il va s'ennuyer, il en voudra à ses parents d'être seul, etc. À l'inverse, malgré les peurs, beaucoup de parents affrontent les risques et décident de créer des adelphies qui défient leurs journées. Pour ma part, je trouve particulièrement lucide d'analyser ses besoins au quotidien, de jauger ses ressources et d'estimer si oui ou non avoir un ou plusieurs autres enfants est envisageable.

Dans tous les cas, rien n'est figé dans le temps. En tant que psychologue, j'ai besoin de rappeler qu'il n'est pas indispensable d'aimer ses sœurs et frères, mais qu'il faut les respecter. Lorsque les conflits sont récurrents et impactent la vie quotidienne, il peut être intéressant de **s'adresser à un(e) psychologue qui prend en charge les familles** ; ainsi, les besoins des enfants ainsi que ceux des parents vont être mis en évidence. Il est utile de travailler sur l'état des parents, car celui-ci peut influencer l'accueil des émotions de leurs enfants dans certaines situations. Sans le vouloir, la jalousie, le conflit et la rivalité peuvent être induits par l'organisation familiale.

[1] Une adelphie est un ensemble composé des enfants (frères et sœurs) d'une même famille, fratrie ou sororie.

2.

S'ENRACINER, SE DIFFÉRENCIER ET S'AIMER

1

Les injonctions éducatives

LES RECOMMANDATIONS PAR RAPPORT AUX PRATIQUES PARENTALES

Depuis toujours, **les pratiques parentales font l'objet d'une transmission**. Par le passé, les proches aidaient et s'investissaient dans l'accompagnement des jeunes parents. Progressivement, notamment avec la sédentarisation au Néolithique, l'établissement de **normes culturelles** a influé les soins apportés aux enfants. Des textes issus de l'Antiquité conseillent et informent sur les bonnes pratiques de l'époque : au sujet de l'allaitement, du choix des nourrices, du comportement adéquat des mères… Les auteurs de ces recommandations sont des hommes, le plus souvent des médecins et des philosophes.

À chaque époque de l'humanité, les représentations de l'enfance et du rôle maternel/parental ont évolué. Une composante assez habituelle des recommandations faites aux jeunes parents est la normalisation sans prendre en compte **les spécificités individuelles**. Les personnes qui sensibilisent en première ligne transmettent fréquemment les informations de manière univoque sans questionner les contraintes singulières des parents.

De nos jours, les recommandations sont issues de la recherche en sciences de l'éducation, pédagogie, psychologie, neuropsychologie, neurosciences, médecine, mais toujours teintées des **traditions culturelles** qui ont laissé leurs empreintes.

Voici quelques **exemples de recommandations popularisées** pour protéger le grand public :

- ne pas présenter d'écran aux enfants avant 3 ans ;
- l'OMS recommande l'allaitement au moins 2 ans et le *co-sleeping* pendant 6 mois (partage de la chambre) ;
- pratiquer autant que possible la motricité libre ;
- sortir tous les jours avec les enfants ;
- faire dormir les bébés sur le dos ;
- mettre en place une alimentation adaptée aux jeunes enfants.

La commission des 1 000 premiers jours, organisée en France en 2020, avait comme objectif de sensibiliser les parents sur cette période de la vie des enfants, afin d'adopter les comportements les plus adéquats. Selon le gouvernement actuel : « **Les 1 000 premiers jours, c'est un concept scientifique mettant en évidence une période clef pour le développement de l'enfant :** sa santé, son bien-être et celui de ses parents. Pendant cette période, le cerveau de l'enfant se développe plus qu'à tout autre moment. C'est le moment de poser avec lui certaines des fondations de sa vie : pour lui et pour l'adulte qu'il deviendra. »

Ces recommandations correspondent aux besoins génériques soutenant le développement des enfants. Cependant, afin de prévenir tous les risques et les interprétations, les propos sont catégoriques. Cela permet d'en simplifier l'application, mais sans aucune flexibilité, pourtant nécessaire à la vie quotidienne des parents.

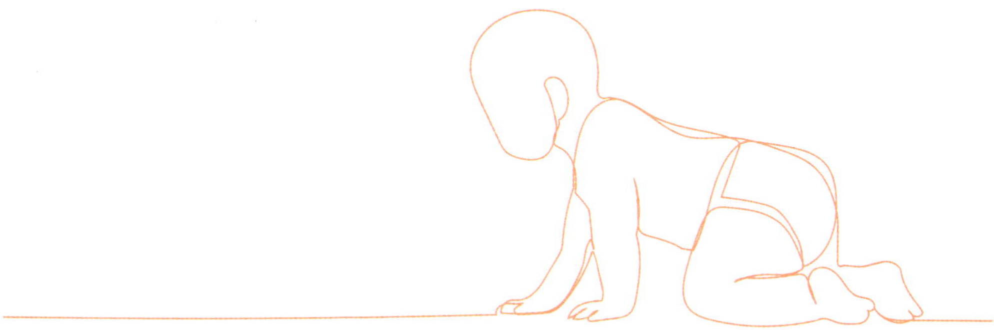

DIFFÉRENCES ENTRE RECOMMANDATIONS ET INJONCTIONS

La différence entre les recommandations et les injonctions repose sur la manière de communiquer ainsi que l'intégration au sein de la norme sociale. **Les recommandations sont des informations factuelles données** afin que les situations se déroulent au mieux, selon les connaissances contemporaines. Elles visent à communiquer au plus grand nombre des connaissances facilement applicables... Quoique souvent un peu simplistes.

Les injonctions sont des règles formelles à appliquer sous peine d'être sanctionné(e). À partir des recommandations, certaines personnes développent des propos et des attitudes qui visent à ériger une norme sociale considérée comme étant « la meilleure ». Les sanctions quand on n'obéit pas aux injonctions sont le **jugement social** et la **culpabilisation**. Mais au bout du compte, seul compte le développement des enfants. La parentalité, ainsi que ses limitations, ne sont pas questionnées.

Les professionnel(le)s de santé, par exemple, manquent souvent de temps pour les entretiens et se contentent parfois de rappeler les **règles de sécurité élémentaires** : un bébé doit dormir sur le dos, sur son propre matelas ferme, il faut éviter de s'endormir en allaitant, etc.

Les difficultés de mise en pratique ne sont pas évoquées et les mères sont parfois critiquées si elles n'agissent pas de façon exemplaire. Je précise « les mères », car ce sont souvent elles qui gèrent l'intendance relative aux soins et qui sont infantilisées par les professionnel(le)s de santé.

Le problème, c'est que **ni le jugement ni la culpabilisation ne permettent de faire évoluer favorablement un comportement parental.** En effet, un comportement n'est que le résultat de son contexte. Il faudrait donc se poser la question suivante : **qu'en est-il des ressources des parents ?** Afin d'aider et de soutenir la parentalité, il est nécessaire d'aller à la rencontre de chaque parent et de le rejoindre précisément là où il se trouve.

Mises à part les campagnes grand public, la sensibilisation concernant la parentalité touche la plupart du temps les parents qui ont déjà accès à l'information. Cela est aussi vrai pour les **utilisateur(rice)s de réseaux sociaux**, dont l'algorithme est conditionné par leur utilisation. Les parents ayant les moyens et du temps à consacrer à leurs recherches sur la parentalité se retrouvent forcément plus informés...

Ainsi, je suggère aux parents de **s'en tenir aux recommandations factuelles dans un premier temps,** et d'aller à la rencontre des professionnel(le)s en cas de doute et/ou de sentiments négatifs. Nous ne pouvons pas oublier que les recommandations existent pour protéger le plus grand nombre. Leur **manque de nuance** ne doit pas mener à une application dogmatique, car c'est ainsi que naissent les injonctions sociales contemporaines.

LES DOGMES PARENTAUX

Les êtres humains sont pétris de croyances. Nous avons toutes et tous évolué dans un environnement qui a modulé en nous des croyances qui ont par la suite conditionné nos choix ainsi que nos actions.

Moins il y a de connaissances fondées accessibles sur un sujet, plus cela laisse de la place aux croyances qui peuvent être suivies comme des préceptes indubitables. La **dissonance cognitive**, déséquilibre psychologique interne dans lequel les pensées et les émotions sont en contradiction les unes avec les autres, peut empêcher de percevoir que les croyances dans lesquelles nous nous sommes investi(e)s étaient fausses. Cela a coûté tellement d'énergie de s'y conformer que changer de comportement est difficilement envisageable, jusqu'à un potentiel effondrement. **Les croyances ne sont plus des aides qui soutiennent le quotidien, elles peuvent alors devenir des dogmes qui entravent l'écoute de sa propre santé mentale.**

Dans l'organisation actuelle des cultures de la planète, le **mode de vie à l'occidentale** s'est popularisé dans le monde entier, de l'esthétique caucasienne qui est perçue comme la plus désirable à l'utilisation de couches dans les pays où ce n'était pas commun. Afin de comprendre les raisons de la dispersion de la culture dominante, il convient de se pencher sur **la colonisation et ses effets actuels** dans les interactions entre ethnies.

Depuis longtemps, l'Occident est pris en exemple grâce à **l'expansion de l'industrialisation**. De nombreuses cultures estiment que leur façon de faire est moins pertinente que celle des Occidentaux. Et pour cause, les industries occidentales se sont implantées dans toutes les régions du monde. Elles tentent dès lors de convaincre les populations locales des **bienfaits de leurs produits** (couches et lait infantile, notamment), bien que cela aille à l'encontre de leurs habitudes. Cette manœuvre vise à **créer de nouveaux clients**, sous prétexte que le modèle « à l'occidentale » présenterait des avantages pour les enfants et serait plus facile à adopter pour les parents.

Dans la plupart des cas, seuls les enfants sont mentionnés dans ces règles de savoir-faire et de savoir-être, **au mépris de celleux qui doivent les mettre en place**. Un exemple-clé est la recommandation, devenue dogmatique, de ne pas présenter d'écran aux enfants de moins de 3 ans, et de les restreindre drastiquement avant 9 ans. Or, la mention des « écrans » est très vague. Il y a différents types d'écrans, dont on fait usage de différentes manières et dans différents contextes. Nous savons aujourd'hui que les enfants surexposés aux écrans souffrent de **difficultés sociales**

et familiales qui empêchent les parents d'être disponibles. Leur utilisation exagérée des écrans n'est **qu'un symptôme parmi tant d'autres** de cette situation inextricable. En revanche, il n'y a pas lieu de paniquer si l'on recourt aux écrans pour faciliter les soins (lavages de nez, dentisterie, piqûres, etc.) ou même pour distraire l'enfant une quinzaine de minutes le temps de souffler. Il ne faut pas oublier que **derrière des actes, il y a des circonstances.** Parfois, les parents manquent de connaissances et de ressources ; souvent, ils font du mieux qu'ils peuvent pour que l'environnement familial soit calme. Mieux vaut un parent reposé après 1 heure de dessins animés plutôt que des parents qui tirent sur la corde de leur disponibilité et finissent par avoir des comportements violents. La solitude en tant que parents nous pousse à trouver des solutions, **faute de soutien social adéquat ou suffisant.**

Il convient donc de ne pas succomber à l'application dogmatique des recommandations et à la culpabilisation. La charge mentale est déjà un problème en tant que tel, si nous devons suivre tous les dogmes contemporains, nous partons en échec.

2

Comparaison entre soi et « les autres »

Pour décrypter les injonctions les plus communes dans la parentalité, flashez ce QR-code.

Entre les êtres humains, **la comparaison sociale est inévitable**. Il n'y a pas de quoi culpabiliser : il est naturel de jauger notre entourage social. La comparaison nous aide à vivre ensemble comme un groupe cohérent, nous permet d'apprendre les uns des autres et nous soutient par rapport à notre potentiel.

La **théorie de la comparaison sociale (SCT)** est une théorie psychologique largement acceptée qui explique comment les individus utilisent la comparaison sociale pour s'évaluer et évaluer les autres. Elle suggère que les individus se comparent aux autres afin de déterminer leurs propres capacités, attitudes et croyances. La comparaison sociale peut être à la hausse envers quelqu'un qu'on admire, ou à la baisse envers des personnes qu'on mésestime, ce qui peut avoir un impact sur l'estime de soi, le niveau de stress et la motivation. Ce phénomène engendre aussi parfois trop de **compétitivité**.

Il apparaît que du niveau d'estime de soi dépend le résultat de la comparaison : elle peut être positive quand elle invite à s'améliorer en s'inspirant de ses modèles, ou négative quand elle amène à faire le constat que l'on vaut moins que les autres. Les personnes ayant une faible estime d'elles-mêmes se sentiront donc valorisées en se comparant à des personnes qui font « moins bien » de leur point de vue, ce qui peut les rassurer à court terme.

PRIVILÈGES ET DÉSAVANTAGES : L'INIQUITÉ AU CŒUR DE LA PARENTALITÉ

Si chaque famille porte une histoire ou un héritage qui peut plus ou moins impacter le quotidien du foyer, tous les parents ne sont pas égaux vis-à-vis de leur **charge mentale** et de leurs **difficultés**. Pour certains, les épreuves à traverser vont bien au-delà d'une situation familiale tendue.

Environ 1 % des enfants naissent avec un **handicap lourd**. Au cours de la croissance, il est possible de constater d'autres troubles du développement, dont les troubles du spectre de l'autisme, qui représentent également 1 % des enfants. Personne ne prévoit jamais d'être le parent d'un enfant avec des besoins spécifiques.

De même, tous les parents espèrent donner le meilleur à leur enfant… Pourtant, les familles font avec des **niveaux socio-économiques variés**. Dans notre société, ce sont souvent les choix les plus onéreux qui sont le mieux perçus pour nos enfants.

La santé ou encore le sentiment d'être soutenu(e) par ses ami(e)s ou sa famille sont aussi des aspects très inégalitaires dans la parentalité.

Quand l'enfant n'est pas tel qu'on l'attendait

Nous espérons toutes et tous que nos enfants **se développent bien**. Dans les faits, l'évolution et la croissance de chaque enfant sont singulières. Tous les parents en viennent à douter d'un élément ou d'un autre quand le développement de leur enfant ne correspond pas à la norme établie. Cela est d'autant plus vrai dès qu'une différence avec les autres enfants de la même tranche d'âge apparaît. Il arrive alors que certains parents se demandent ce qu'ils ont « raté ».

Si, pour la plupart des enfants, le développement suit son cours, pour d'autres, les inquiétudes se cristallisent face aux difficultés qui s'accumulent. La présence de troubles dans l'évolution de son enfant remet en perspective tout ce qu'on avait projeté avec lui. Le voir en difficulté alors que d'autres fleurissent induit une profonde tristesse. **L'errance diagnostique** est anxiogène, mais une fois que l'enfant est pris en charge, les dispositifs ou soins spécifiques à mettre en place pour son bon développement représentent une **charge mentale supplémentaire**. Le quotidien des familles avec des enfants porteurs de handicaps et/ou de troubles ne peut pas être comparé à celui des familles aux enfants présentant un développement typique.

La plupart des contenus sur la parentalité s'adressent aux parents dont les enfants grandissent de manière habituelle... Les autres familles peinent à trouver des ressources et disposent de moins de relais, mettant en péril leur santé physique et psychologique.

Le niveau de vie

Tous les parents veulent faire du mieux qu'ils peuvent. Nous avons toutes et tous des objectifs et des envies. Durant les temps libres, nous espérons en profiter pleinement. Dans notre société capitaliste et d'hyperconsommation, tout invite à dépenser de l'argent. L'idée selon laquelle nos enfants devraient cocher toutes les cases des parfaits petits consommateurs pour être heureux est profondément problématique, dans la mesure où les ressources financières sont aussi inégales d'une famille à l'autre.

En France, 1 enfant sur 5 vit sous le seuil de pauvreté. Ce taux n'a pas baissé depuis 10 ans. Cela implique que bon nombre d'enfants ne peuvent bénéficier d'une vie considérée comme épanouissante par le plus grand nombre, et leurs familles sont souvent **stigmatisées** et **culpabilisées** de cette situation subie. Pour survivre, les personnes précaires repoussent les soins, les prises en charge et parfois délaissent même leurs besoins fondamentaux. Cela génère évidemment beaucoup d'angoisses et amoindrit leurs ressources psychologiques.

L'absence de soutien et/ou de relais

Chaque famille s'organise avec les ressources disponibles, notamment en ce qui concerne **la garde ou le relais auprès des enfants**. L'expérience de la parentalité est très différente entre une famille où les parents ne bénéficient que de relais financièrement indemnisés alors que d'autres jouissent de proches très investis et flexibles. La pression sur les épaules d'un ou des parents est forte s'iels sont toujours seul(e)s face aux enfants, sans soupape de pression. Tout le monde a besoin de moments pour prendre soin de soi, se reconnecter à soi-même, en sachant ses enfants en sécurité sous la garde d'une autre personne. L'absence de soutien social concret est un **facteur de fragilité psychologique**.

La santé

Lorsqu'un des parents a des **problèmes de santé**, il ne peut pas être le parent qu'il rêvait d'être.

Un handicap physique peut empêcher ou compliquer la réalisation de certaines activités ou sports avec ses enfants. Les maladies chroniques (ou non) limitent la disponibilité pour les enfants.

Cela ne fait pas de ces personnes des mauvais parents, mais des parents qui ont besoin de plus d'empathie et de tolérance pour s'accrocher.

La santé mentale impacte directement le soin et la relation aux enfants. Comme dans les situations de maladies somatiques, les variations de santé mentale ne sont pas maîtrisables et inhérentes à un manque de volonté. Lorsqu'elle est perturbée par des troubles psychologiques/psychiatriques, la parentalité demande des adaptations.

Toutes ces situations, et bien d'autres, rappellent que **la volonté ne suffit pas** et que la vie est **profondément inéquitable**. Nous partons toutes et tous avec des ressources et des contraintes singulières, rendant toute comparaison vaine et impertinente.

LES RÉSEAUX SOCIAUX : UN OUTIL À DOUBLE TRANCHANT

Impossible d'ignorer ce sujet phare à notre époque : la parentalité se dévoile, s'explique, souffre et renaît au travers des **réseaux sociaux**. On y transmet son témoignage, ses vérités. Chaque propos peut trouver une résonance, puisque tous les parents traversent des chamboulements émotionnels et affectifs. Dans la joie comme dans la peine, il y a une sœur, un frère, un(e) adelphe avec qui se rassurer, se réconforter.

Les réseaux sociaux offrent une sociabilisation, qui peut parfois sauver de **l'isolement socialement imposé** durant le post-partum et les premières années de vie. Dans une société où les mères sont ostracisées et où les enfants dérangent, bien des parents se retrouvent cloîtrés dans un quotidien où la vie sociale s'éteint. À défaut de soutien réel, les **soutiens virtuels**, les témoignages qui laissent voir que nous ne sommes pas seul(e)s à traverser CETTE épreuve-là, soulagent tant.

Mais plus notre sentiment d'isolement grandit, plus le temps consacré aux réseaux sociaux augmente. Or, plus nous passons du temps sur ceux-ci, plus nous sommes exposés à du **contenu malveillant ou indésirable** : commentaires haineux, jugements, moqueries, voire incitation au harcèlement, menaces de mort, racisme, LGBTQphobie, misogynie... Si être sur les réseaux sociaux demeure un choix, nous n'avons que peu de moyens pour déterminer précisément le fonctionnement de leur algorithme. Même en ciblant certains thèmes, nous ne pouvons pas contrôler les commentaires des personnes qui se désinhibent à cause des écrans interposés. Nous ne pouvons pas non plus éviter toutes les nouvelles catastrophiques concernant nos intérêts de prédilection. Être parent sur les réseaux, c'est être confronté à des histoires aussi mignonnes que profondément ignobles. Tout ce qui crée de l'émotion, notamment de la colère et de l'indignation, est un catalyseur de visibilité et se retrouve facilement déversé dans notre fil d'actualité.

Le fait que les parents aient accès à autant de récits et de témoignages de parentalité est **inédit dans l'histoire de l'humanité**. Ils tentent de compenser virtuellement l'isolement qu'ils subissent. Cependant, la surcharge informationnelle n'est pas anodine. Il semble que l'usage des réseaux sociaux par les mères engendrerait un sentiment plus fort de **surcharge mentale** dans son rôle parental, une impression d'être **moins compétente en tant que parent** et un **moindre soutien social perçu**. Cela induirait plus de conflits sur les réseaux sociaux, mais également une sensation que la relation coparentale est moins positive qu'on le pensait. Le pire, à mon sens, est le fait que la comparaison sociale sur les réseaux est associée à un plus haut niveau de dépression post-partum (DPP). Il n'est toutefois pas possible de savoir si c'est cette comparaison qui a pour conséquence d'accroître le niveau de dépression post-partum ou si ce sont les mères atteintes de dépression post-partum qui tendent davantage à se comparer aux autres sur les réseaux sociaux.

Dans tous les cas, leur usage me semble être un sujet d'intérêt dans la prise en charge des parents. Nous savons qu'ils ont des effets sur le bien-être, sur notre perception du monde et sur nos choix, notamment parentaux. Une enquête réalisée en Corée a démontré que l'exposition au discours de mamans célèbres et aux informations sur l'éducation disponibles en ligne était associée à l'intégration de l'idéologie du maternage intensif, à de la comparaison sociale et de la compétitivité. Les mères célèbres servent réellement de modèles. Ce n'est donc pas qu'une impression, certains parents ont vraiment envie de faire mieux que les autres... en étant en **parfaite adéquation avec les attentes sociales perçues**. L'absence de précautions dans le partage comme dans la récolte d'informations peut alors être délétère.

QUELQUES RAPPELS IMPORTANTS SUR L'USAGE DES RÉSEAUX SOCIAUX

- Les réseaux sociaux sont majoritairement tenus par des **personnes privilégiées**. Les personnes qui ont beaucoup d'audience sont des personnes qui remplissent des critères spécifiques, dont esthétiques. Il y a des exceptions, mais les réseaux sociaux demandent de savoir communiquer et d'en faire une activité à part entière. Les personnes les plus connues et les plus aisées sont également les plus actives. **Disposer de son temps demeure un privilège dans notre société.**

- Les réseaux sociaux se fondent sur le concept du *self-made man* et du **développement personnel**. Lorsqu'on place la responsabilité de ses actes et de sa situation dans sa seule volonté, on masque tous les aspects systémiques et inégalitaires de notre vie en société. Ce piège induit du mépris, voire de la haine envers les gens qui ne feraient pas assez pour réussir. « Vouloir, c'est pouvoir ! » ne s'adresse qu'aux personnes qui ne cumulent pas d'injustices socio-économiques depuis le début de leur vie.

- Ce qui est perceptible sur les réseaux sociaux n'est qu'une **facette idéalisée de la réalité**. Heureusement, certains comptes spécialisés en parentalité ou en santé mentale s'efforcent de donner plus de visibilité aux aspects plus tabous ou moins « glamour » de notre existence, apportant un peu de **nuance** et de **tolérance** dans notre rapport aux autres et à nous-même.

La théorie de la comparaison sociale est utile, car elle explique l'existence de **dynamiques problématiques** au sein de notre société. Mais comme toute théorie, elle a ses limites. En effet, elle ne met pas en évidence les différences inter-individuelles dans les processus de comparaison. En outre, cette théorie ne prend pas en compte le fait que les êtres humains ne se comparent pas constamment aux autres et que les résultats de la comparaison sociale peuvent varier en fonction des valeurs personnelles, des croyances et des objectifs de vie de chacun(e).

QUELQUES PISTES POUR SORTIR DE LA COMPARAISON SOCIALE TOXIQUE

- Il semble profitable **de s'inspirer de personnes qu'on ne connaît pas au quotidien**. Cela permet de ne pas se comparer en termes de situations et de pouvoir imaginer des failles qui ne sont pas mises en évidence.
- Étoffez votre groupe social de soutien de manière à surpasser les épreuves de la vie.
- **Prenez conscience de vos réussites** et développez un **sentiment de gratitude** afin de contrer le biais de négativité qui peut vous gâcher la vie dans les moments difficiles.
- **Cultivez l'altruisme** pour percevoir les autres avec plus de douceur et, par la même occasion, vous percevoir avec plus de compassion.
- Évitez les personnes qui vous mettent mal à l'aise : se protéger durant les périodes où l'on est vulnérable n'est pas de la lâcheté. Prendre soin de soi passe aussi par le fait de respecter et de faire entendre ses limites.

3

Prendre soin de soi : entre offres superficielles et besoins fondamentaux

Avant d'être une mère, une épouse ou une fonction dans la société, **vous êtes une personne qui a besoin de prendre soin d'elle.**

Je ne parle pas de se faire offrir une manucure ou de s'octroyer une heure pour se laver les cheveux, j'invoque l'ensemble des activités qui vous font du bien. Parmi elles, il y a bien entendu les soins du corps, mais aussi la recherche de ce qui nourrit l'esprit et transmet l'enthousiasme de vivre.

LE CADRE POUR PRENDRE SOIN DE SOI

Prendre soin de soi a des connotations très personnelles : il est impossible d'appliquer un protocole qui serait efficace pour chacun(e). Il faut d'abord **trouver les besoins qui doivent être comblés** et réfléchir aux **diverses stratégies** pour y parvenir.

Il est fréquent de se sentir interdit devant cette volonté de renouer avec soi-même. Lorsqu'on a investi le plein sacrifice de soi au quotidien, l'idée de prendre soin de soi va de pair avec une forme de dissociation. Le corps et l'esprit sont embrumés par l'immobilisme et cela demande des efforts de remettre en mouvement notre système de fonctionnement.

Ce figement peut être surmonté grâce à la **psychothérapie**, où l'intellectualisation apprend à laisser place à l'incarnation (c'est-à-dire à ses émotions ressenties physiquement et son rapport au monde à travers le corps). Cette faculté à faire attention à soi se développe progressivement, grâce à la **mise à distance du sentiment de culpabilité**. Prendre soin de soi, c'est d'abord accepter que nous sommes la personne la plus importante durant quelques instants.

INCARNER SES VALEURS

Dans la première partie du livre, j'ai consacré un chapitre entier aux valeurs personnelles. Une fois qu'on a fait le point sur les valeurs qui se révèlent importantes, il devient fondamental de savoir **comment les réaliser**. Les êtres humains ont besoin de trouver du sens à leur existence. Vivre selon ses convictions permet de se connecter à ses actions personnelles et à sa place dans l'humanité.

À l'impossible, nul n'est tenu : si certaines valeurs ne peuvent pas rencontrer les actions concrètes faute de ressources (financières, mais aussi pratiques), il est possible de s'engager dans la **communication autour de ces valeurs**, si votre santé mentale le permet. La communication sur les réseaux sociaux est une option, mais également dans des associations, des rencontres de quartier, dans l'entourage amical ou familial.

Planter des graines permet à une petite proportion d'entre elles de pousser. Personne n'a besoin d'être parfait pour être légitime. Qui plus est, lorsqu'on vit en communauté, nous sommes confronté(e)s aux regards et avis des autres, parfois négatifs. J'aimerais vous dire qu'il suffit de s'en moquer, mais nos besoins d'appartenance sociale montrent que ce n'est pas si simple. Nous devons alors composer entre nos idéaux fantasmés et la vie réelle, qui peut être **un rempart contre le dogmatisme et l'intolérance**.

ACCEPTER SES PROPRES CONTRADICTIONS

En termes de ressources, nous sommes profondément inégaux ; de plus, elles ne sont pas illimitées. Certaines mères s'imaginaient allaitantes et, finalement, ne supportent pas l'hyper-dépendance du nouveau-né et d'être leur seule source de subsistance. D'autres pensaient vouloir rendre leur enfant autonome et ne trouvent pourtant du sens que dans les pratiques de parentalité proximale qui se sont imposées d'elles-mêmes. **Il est presque impossible de prévoir ce que seront nos sentiments avant d'être confronté(e)s à un contexte.** Il faut constamment s'adapter à de nouvelles contraintes : l'enfant qui ne dort pas et la fatigue qui s'accumule, le soutien social qui manque à l'appel, les conflits entre les parents, le manque de confiance dans l'entourage, le besoin viscéral de se rassurer, les angoisses, etc. Tous ces éléments et bien d'autres perturbateurs peuvent générer une distance énorme entre l'attitude idéale souhaitée et le comportement réel. Dans la plupart des situations, **des ajustements sont normaux**. Pour une partie des parents, ces changements de direction génèrent un soulagement et n'affectent pas leur estime d'eux-mêmes, même si cela peut être frustrant. Ils ont conscience que donner un petit pot industriel ne va pas abîmer leur enfant sur le long terme et que cela ne fait pas d'eux des parents indignes, juste des parents fatigués !

Dans d'autres cas, les comportements parentaux peuvent être **diamétralement opposés** à ceux désirés :

- cris et violences verbales et psychologiques envers les enfants ;
- sentiment d'être hors de soi ;
- incapacité à ressentir du plaisir et à s'investir au quotidien ;
- volonté de fuir ;
- comportement de repli face à l'enfant ;
- pleurs de l'enfant qui génèrent un figement (« *freezing* ») ou de la terreur, etc.

Ces derniers cas demandent qu'on y prête une attention particulière. La santé mentale du parent concerné est fragile et il est probable que sa parentalité soit un révélateur vif de psychotraumatismes. En effet, cette dernière agit comme une **loupe grossissante** : elle rejoue des schémas familiaux et induit d'énormes changements dans le rythme quotidien, donc rend vulnérable dans de multiples contextes. Il s'avère alors nécessaire de consulter un(e) spécialiste de la santé mentale, psychologue ou psychiatre[1]. **Accepter de recevoir de l'aide lorsqu'on ressent un mal-être est une réussite !**

DÉMANTELER LE SURINVESTISSEMENT PARENTAL

Être parent peut aisément devenir l'unique rôle investi, puisqu'il déborde sur tous les pans de la vie. L'épuisement parental ne provient pas forcément des parents qui rencontrent des difficultés avec leurs enfants. Cela se produit souvent lorsque le surinvestissement dure dans le temps, sans que des ressources ne viennent l'équilibrer.

Le surinvestissement précède l'épuisement. Il intervient dans des contextes où la parentalité prend la plupart de l'espace mental d'au moins l'un des parents. Les situations de handicap et les problèmes de santé sont des facteurs aggravants, puisqu'un investissement massif est indispensable pour le bien-être des enfants. Il suffit d'un grain de sable dans l'engrenage pour que l'équilibre précaire du quotidien engouffre la santé mentale du ou des parent(s).

Qui plus est, l'envie de parentalité peut avoir été intégrée très tôt dans la vie, et certain(e)s y voient leur **principale source d'épanouissement**. Ce type de condition va accroître la probabilité d'un surinvestissement. En outre, la parentalité permet de se placer dans une fonction du « prendre soin », le *care*. Cela peut être une stratégie de réparation ou une stratégie d'évitement ; prendre soin d'un enfant au lieu de prendre soin de soi-même.

Durant les premières années, les enfants ont des besoins impérieux et une dépendance extrême. Le surinvestissement psychique, nommé « préoccupation primaire », est habituel. L'attention doit être portée sur l'équilibre ressenti entre les ressources et les contraintes. Si la masse de contraintes devient trop lourde, cela augmente le risque de *burn-out* parental.

[1] Aujourd'hui, les différents acteurs de la santé mentale sont difficiles à reconnaître parmi toutes les appellations non-réglementées. Un(e) psychopatricien(ne) n'est pas un(e) psychologue dûment diplomé(e). Il en est de même pour tous les « thérapeutes », en dehors des psychothérapeutes dont l'appellation est protégée et garantit la formation.

La parentalité ne peut pas être l'unique pilier d'une vie, aussi puissante soit-elle. Mais il n'est pas nécessaire de s'en distancier, seulement d'apprendre à remplir sa vie d'autre chose. Pour soi, mais aussi pour que les enfants ne portent pas le poids d'un épanouissement injonctif et fantasmé. Les enfants ne sont pas les garants du bonheur de leurs parents. **Ils ne leur doivent rien.** La relation parent-enfant est asymétrique dans l'autre sens : nous donnons ce que nous avons, prétendument, reçu de la part de nos propres parents. Cette évidence remet souvent en question bien des schémas familiaux. Elle autorise également à vivre au-delà des carcans familiaux, tant pour soi-même que pour ses enfants.

LES EXIGENCES REMISES EN QUESTION

Lorsqu'on prend conscience de toutes les injonctions auxquelles nous sommes soumis(e)s ainsi que le niveau d'exigence que nous nous imposons de surcroît, il est temps de les prendre à bras le corps. Nous avons besoin de sortir du **perfectionnisme** qui s'est longtemps fait passer pour l'agneau des défauts : celui qu'on aime vanter, qui dit de nous notre détermination à réussir. Comment définir la notion de « réussite de sa parentalité » ? C'est une tâche ardue, alors que nous avons beaucoup de critères à évoquer lorsqu'on imagine comment « rater sa parentalité ». La plupart du temps, les résultats se mesureraient aux comportements des enfants mais aussi un peu aux nôtres, et à la relation tissée avec eux.

J'aime lorsque le pédiatre Carlos Gonzales remet sur le devant de la scène ce qui compte à long terme : a-t-on envie de se disputer avec son enfant pour une assiette non terminée, un vêtement inadéquat, un mot de travers ? Que restera-t-il de tout ça, au bout de compte ? Avec notre devoir éducatif, nous avons tendance à prendre tous les pas de côté comme des situations graves et de la plus haute importance. Cette manière de voir les enfants comme des êtres à dresser est malheureusement très répandue. Les pays nordiques font figure d'exemple dans un modèle éducatif basé sur l'**accompagnement empathique**, la **confiance mutuelle** et, comme base de tout, la **considération des enfants comme des êtres dotés de droits**. Nous gagnerions à prendre de la hauteur sur les situations qui nous semblent inextricables, alors que beaucoup seront sans incidence dès le lendemain.

Pour **prendre du recul sur la notion de réussite parentale**, j'aime rappeler que nous ne sommes que des parents humains fondamentalement imparfaits. Nous aurions aimé que nos parents soient un peu plus ceci, voire carrément moins cela : mais ils sont tels qu'ils sont. Tant que la discussion et l'écoute sont possibles, la relation peut se maintenir, même si elle est ébranlée à plusieurs reprises.

Nos enfants auront des situations ou des comportements à nous reprocher, parce que nous ne pourrons pas rencontrer leurs attentes de figures parentales idéales. Tant que nous sommes à notre poste de parents, la relation se maintiendra.

LE FANTASME DES RECETTES TOUTES FAITES

La tentation est grande de croire à l'**uniformisation des pratiques parentales**. Il serait possible de trouver LA solution qui va permettre de surmonter l'exact obstacle que l'on traverse en ce moment. Certains professionnel(le)s de la santé mentale se vantent même d'avoir des « feuilles de route », des « fiches » ou d'autres outils bien carrés et cadrés. De ce côté du spectre, les parents sont présentés comme des ignares, dénués de capacités réflexives.

De l'autre côté du spectre, les programmes en ligne issus de **méthodologies de *coaching*** et de **marketing** diffusent des informations plus ou moins fiables. On y prône l'importance du développement personnel et pointe comme problème fondamental un défaut de philosophie parentale adéquate.

Dans les deux cas, on considère que les compétences parentales sont entièrement responsables des situations négatives que les familles traversent avec leurs enfants. Cette vision, d'après moi, n'est pas nuancée.

Apprendre à prendre soin de soi, c'est apprendre à se percevoir dans son environnement. Nous faisons partie d'un **système social** qui nous conditionne à certaines réactions. Nous avons des accointances avec certains systèmes de pensée, qui vont guider nos actes. Pour naviguer dans la parentalité, il est indispensable de prendre en compte TOUS **les paramètres d'éducation**, notamment la manière dont s'exprime le sentiment d'efficacité parentale. Comme les enfants, en cas de difficultés, nous avons besoin d'empathie et d'être pris par la main. Nous apprenons aisément grâce aux **renforcement positif**.

LA TEMPORALITÉ DE LA PARENTALITÉ

Être parent d'un enfant de 3 mois n'a évidemment RIEN à voir avec être celui d'un(e) adolescent(e). Il est illusoire de penser que l'équilibre dépend uniquement de sa volonté. **L'ajustement s'effectue continuellement**, en fonction de tout le système familial, social et sociétal autour de soi.

Prendre soin de soi avec un nourrisson peut simplement consister à manger suffisamment et chaud, se laver quotidiennement et s'engager dans sa rééducation du périnée. Il est important, encore une fois, de s'affranchir des attentes sociétales à ce sujet. Entre le besoin de pratiquer un maternage proximal intense et le besoin de se retrouver soi, avec son corps, il y a un vaste continuum.

Ce qui mobilise notre enthousiasme évolue au cours de la vie. La parentalité bouleverse les habitudes des parents, principalement des mères. La création du lien avec un bébé et la recherche d'un équilibre mouvant peuvent focaliser l'attention pendant de nombreux mois. Le post-partum dure 3 ans. Durant toute cette période, la plupart des parents se concentrent sur leur(s) enfant(s). Il est impossible de prévoir quels seront les besoins des parents après la naissance d'un enfant et comment ceux-ci vont évoluer dans les années qui suivent. Comment imaginer se séparer de son tout-petit alors qu'on aspire uniquement à pouponner ? Comment imaginer leur prise d'autonomie, la fierté et l'appréhension que cet événement générera ?

Nous avons besoin de temps pour vivre la parentalité à l'instant présent, sans être dans une quête perpétuelle « du moment d'après » qui serait prétendument plus simple. Nous avons besoin de **liberté** vis-à-vis de la pression du couple et de la sexualité. Nous avons besoin de nous extraire d'une dynamique de performance concernant le fait de « récupérer son corps » après la naissance, un concept éminemment sexiste. **Nous avons besoin de pouvoir évoluer et changer d'avis.**

Je crois fermement que « tout vient à point à qui sait attendre ». La contrainte et la pression ne m'apparaissent pas comme des voies d'épanouissement authentiques. **La parentalité est un chemin, non une destination.** Nous souhaitons aux enfants qu'ils puissent explorer autant que possible, alors acceptons nous aussi d'avoir le droit d'explorer, quitte à se tromper de route. Il n'y a pas de meilleure direction, seule celle qui fait sens gagne à être suivie.

LA COMMUNICATION (NON-VIOLENTE) DE SES ASPIRATIONS À AUTRUI

La **communication non-violente** est un outil utile à la construction d'une relation saine avec autrui. Dans les situations de conflit, relancer la communication est souvent le premier pas vers une recherche de compromis. Pour la plupart d'entre nous, l'enseignement d'une communication relationnelle adéquate s'est résumé à ne pas dire de gros mots et à accepter la frustration. Or, la communication non-violente (CNV) peut aussi grandement aider dans la **résolution de désaccords**. Marshall Rosenberg, son créateur, utilisait un moyen mnémotechnique pour se rappeler les étapes avant de rentrer en communication avec quelqu'un : **OSBD**.

- Tout d'abord, le constat de ce qui fait du tort doit s'effectuer le plus factuellement possible (**observation**).
- Ensuite, il est nécessaire d'exprimer ses sentiments au sujet de cette situation (**sentiment**). Jusqu'à peu, la santé mentale n'était pas un sujet de conversation. Aujourd'hui, il devient envisageable d'évoquer ses sentiments par rapport à une circonstance précise, sans forcément passer pour quelqu'un de susceptible.
- Nos sentiments mettent alors en évidence les besoins qui ne sont pas satisfaits, à la source du désaccord (**besoin**). À partir du moment où nous savons ce qui nous manque, nous pouvons proposer des alternatives pour le combler, et il en existe de nombreuses.
- Suggérer une solution ouvre la discussion pour permettre de s'ajuster à toutes les personnes concernées (**demande**). Dans ce cas de figure, on ne profère ni accusation ni exigence.

La communication est efficace puisque **chacun parle de soi et de ce qu'il attend**, dans une logique de **bienveillance** et de **vie commune authentique**. L'empathie est primordiale dans la communication, mais également au sujet des valeurs qui véhiculent tellement de sens. Marshall Rosenberg partage cette idée avec la formule « *Connect before correct!* » : **la connexion à autrui avant la correction**. Il est nécessaire d'entendre qui parle et de quoi il s'agit en profondeur avant de vouloir faire changer le comportement de l'autre. Par exemple, en fin de journée, un enfant est agacé par la moindre de nos interactions avec lui. Notre première intention serait de le faire taire et de trouver un moyen de le calmer. Mais cela reviendrait à nous couper de sa réalité. Nous pouvons alors plutôt nous poser ces questions :

- **« Que se passe-t-il ? »**
- **« Pourquoi son comportement est-il différent aujourd'hui ? »**
- **« Que semble-t-il ressentir ? »**
- **« Quel(s) besoin(s) semble(nt) insatisfait(s) ? »**
- **« Comment se reconnecter avec lui pour proposer des alternatives afin de répondre à ses besoins ? »**

Cette démarche est énergivore, c'est un fait, mais c'est aussi une manière d'**investir à long terme dans sa relation avec son enfant** et de ne pas surinterpréter ses comportements. Aucun enfant ne « pousse à bout » volontairement dans un but de destruction de l'ambiance et/ou de prise de pouvoir. Aucun enfant ne veut faire du mal ni ne fait exprès d'être désagréable. En revanche, il est réellement difficile d'être un enfant dans un monde où les adultes sont surchargés, fatigués, irritables et manquent de disponibilité.

Travailler l'empathie envers nos enfants, mais aussi envers chaque personne rencontrée, permet de **ne plus investir des croyances de persécutions**. Promis, vos enfants ne sont pas des tortionnaires : ils cherchent à exprimer quelque chose sans pouvoir l'expliciter clairement. Rappelez-vous aussi que le néocortex préfrontal arrive à maturité vers 30 ans : toutes les capacités qui dépendent de lui sont en formation jusque-là. C'est normal que vous éprouviez des difficultés à vous comprendre ! En écoutant, nous apprenons aux enfants à être plus clairs dans leurs futures expressions, sans faire preuve de comportements débordants. À l'inverse, punir un comportement sans en comprendre l'origine ni même les fondements impulsifs engendre une **aggravation** des comportements débordants.

Pour autant, il est important d'être vigilant(e) face à quelqu'un qui invoque la communication non-violente à tout bout de champ. Sorti de son contexte et uniquement utilisé dans le but de convaincre son interlocuteur(rice), l'outil de la CNV peut servir à dominer et formater un mode de pensée. **La bienveillance authentique est indispensable** entre les différents protagonistes pour éviter une manipulation bien ficelée[1].

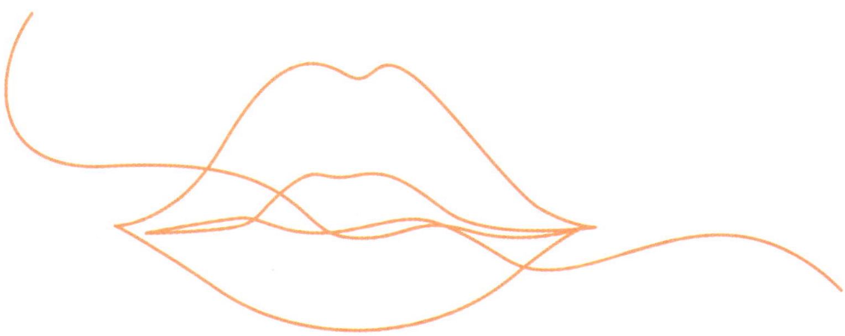

[1] Pour aller plus loin : https://metadechoc.fr/podcast/cnv-une-communication-sans-violence/

3.

TROUVER SA VOIE

1

Choisir son entourage et mettre ses limites

En tant que parent, nous avons besoin d'être entouré(e), **mais pas de n'importe quelle façon**.

Nous avons besoin d'une famille présente qui respecte, voire soutienne, nos choix parentaux. Nous avons besoin de personnes disponibles pour nous tenir compagnie, nous offrir de l'aide ou du relais.

Être parent nous fait entrer dans un autre stade de vie où la **vulnérabilité** est intense. Dans notre société occidentale contemporaine, la parentalité se vit isolément, sans groupe social dense. Les mères se retrouvent rapidement seules, avec un ou des nourrissons, et une charge domestique qui s'accroît.

Si notre santé mentale est relativement bonne, nous avons une certaine flexibilité psychique qui permet de compenser ces charges. Nous priorisons, renonçons à nombre d'activités, jouons à l'équilibriste tout en ayant un perpétuel sentiment de devoir en faire plus. En ce sens, il est important de **pouvoir s'entourer** afin d'être entendu(e), écouté(e) et soutenu(e) dans la plupart des sphères de sa vie. Cela implique nécessairement de développer la capacité à **mettre ses limites** par rapport aux autres.

LA PRESSION DE L'ENTOURAGE

Avant de devenir parent, qui sait ce qu'il se passe 24 h /24 dans le foyer d'une maison où des enfants grandissent ? Notre organisation sociale cloisonne le vécu de la parentalité. En conséquence, avant d'avoir soi-même un enfant, **peu de parents savent à quoi s'attendre concrètement**. L'idéalisation, accompagnée de l'inéluctable déception, provient d'un manque de transmission nuancée. D'une part, il y a une perte de confiance dans les informations fournies par les générations précédentes. Nos aîné(e)s apprécient partager leur vécu, mais peuvent avoir tendance à mal juger les choix parentaux différents des leurs. Dès lors, **la confiance se brise**, rompant la possibilité de partager ses difficultés et de recevoir de l'empathie.

D'autre part, les réseaux sociaux ne montrent souvent que ce que les influenceur(ceuse)s veulent bien montrer. Des quotidiens lisses et idéalisés à la face sombre de la parentalité, il y a un fossé, et peu de contenus laissent entrevoir l'omniprésence de cette **ambivalence parentale**. Cependant, depuis quelques années, certaines créateur(ices) de contenus abordent l'état de santé mentale des mères, les implications sociétales de la parentalité et partagent les aspects de la maternité souvent mis sous silence, car lorsque les ressentis ne correspondent pas aux attentes créées par notre culture nataliste, la parole se libère ! Ainsi, progressivement, nous parvenons à percevoir les nuances et avons conscience de toutes les ambivalences qui peuvent émailler nos chemins**. Chacune et chacun a besoin de lire ou d'entendre que son vécu n'est pas isolé.** La singularité n'efface jamais les normes sociétales, les stéréotypes de genre ainsi que les violences systémiques vécues, notamment par les mères.

LA PLACE DES FAMILLES RESPECTIVES

Un des défis des êtres humains est de s'équilibrer entre **liens aux autres** (collectivisme) et **recherche de singularité** (individualisme). Dans certaines cultures et communautés, les valeurs et traditions collectives ont une importance particulière ; ainsi, la singularité et l'esprit critique peuvent être moins pris en compte, afin de faire respecter la cohérence du groupe. Dans les cultures néolibérales, les valeurs individuelles et le fait de « se construire seul(e) » sont perçus comme le Saint Graal. Dans le premier cas, l'individuation est empêchée par la **force du groupe** ; il y a une forme d'intolérance à la différence qui entrave la possibilité d'être soi et d'être accepté(e). Dans le second cas, être soi et autonome peut aller de pair avec un **faible support social**, un **sentiment d'isolement** et une **pression au succès**, en dehors de la qualité des liens sociaux.

Dans une situation ou une autre, nous avons à naviguer entre les contraintes de la société, de la vie communautaire et la volonté de croître personnellement. Nos berceaux familiaux mettent en place un **système de valeurs** à ce sujet et, lorsque nous rencontrons d'autres personnes, les systèmes s'entrechoquent. Fonder un foyer est une mise en commun de deux systèmes de valeurs ; les familles vont donc se confronter au travers des questions d'organisation du couple, mais aussi – et surtout – de l'éducation des enfants. Chaque famille peut avoir l'intention **d'imposer son système de valeurs** chez les enfants nés d'une union. Afin de préserver son sentiment de sécurité intérieure, il importe de se détacher de la manière dont les familles vont lutter contre les compromis mis en place par les deux partenaires.

Dans le cas d'une **parentalité solo**, le système de valeurs de la famille se confronte à l'individuation du parent seul(e) et à la société contemporaine qui impose de nouvelles contraintes. Afin d'articuler les systèmes de valeurs et de soutenir la transformation nécessaire à une parentalité moins pesante, **cultiver l'empathie** est une solution pérenne. Même en étant en désaccord, il est possible d'écouter et de comprendre le système de pensée de l'autre car, en rejoignant les personnes là où elles se situent, elles auront davantage tendance à développer de l'empathie à notre égard.

Pour autant, et quelle que soit la composition familiale, il est possible de **poser des limites claires aux familles** : personne n'a à accepter de la culpabilisation ou du chantage affectif de la part de ses parents. Même si les valeurs familiales sont fortes, si elles ne remplissent pas un rôle positif, **il est préférable de s'en détacher** sans craindre d'être puni(e) pour cette décision.

LA RÉPARTITION DES TÂCHES

La répartition des tâches au quotidien est susceptible d'être **influencée par les valeurs de chacun(e)**. Celui ou celle dont le besoin d'ordre sera le plus prononcé aura tendance à agir dans ce sens. De même, la personne qui estime qu'elle doit se débrouiller seule peut rencontrer des difficultés à solliciter de l'aide, même en cas d'épuisement. En effet, nos valeurs peuvent avoir des travers qui impactent notre **santé mentale** ; je suis certaine que vous avez déjà rencontré cette personne fatiguée, qui admet être débordée, mais qui panique à l'idée que quelqu'un fasse quelque chose à sa place... Ses angoisses l'empêchent de profiter du **support social disponible**. Il est probable qu'elle ait acquis la croyance qu'elle doit tout gérer seule ou qu'il est préférable qu'elle prenne les choses en main afin de ne pas risquer de devoir rattraper une tâche mal exécutée à son goût.

La mise en exergue des valeurs de chaque partenaire permet de comprendre ses besoins au quotidien autant que ses vulnérabilités. Sans soutien et déculpabilisation, il peut être difficile de lâcher du lest sur la valeur d'exemplarité, par exemple. Là aussi, je suis sûre que tout le monde connaît cette personne extrêmement exigeante envers elle-même, au point d'en oublier ses besoins. Rappelez-vous que c'est une **stratégie d'autoprotection** et non un comportement pleinement volontaire.

Au sein d'une union, les sentiments et les émotions derrière les valeurs ont besoin d'être clairement explicités afin de trouver des lieux communs qui correspondent à toutes et tous. L'égalité au sein du couple est souvent une **recherche vaine**. En effet, sur chaque individu pèsent des contraintes différentes. De même, l'état physique ou psychique peut amoindrir la capacité d'agir au quotidien. La **recherche de l'équité**, dans laquelle **les besoins de chacun(e) sont respectés**, semble plus réaliste.

ASTUCE

S'il est difficile de trouver un équilibre dont chacun(e) se satisfait, il peut être utile d'utiliser un **planning** sur lequel sont consignées les tâches hebdomadaires. Cela permet de visualiser plus clairement l'ensemble des besoins domestiques, mais également de les répartir en fonction des possibilités de chacun(e). La prise en compte de **l'état de santé** est inéluctable : impossible de demander à quelqu'un qui est limité d'en faire autant que l'autre et de lui faire payer son désinvestissement. Dans le cas des dépressions post-partum ou des burn-outs parentaux, par exemple, les tâches quotidiennes peuvent devenir des montagnes à gravir ; **diminuer la pression et les exigences autour de ces tâches** permet donc de se focaliser sur ce qui compte vraiment au quotidien et de retrouver le sens de la vie. Nous avons besoin de vivre dans un endroit rangé et propre, mais nous n'avons pas besoin d'en être à l'origine, surtout lorsque de sombres pensées rôdent.

N'oublions pas de **prêter attention aux personnes**, souvent les femmes, pour qui le plaisir de l'autre a été intégré comme valeur, au point de se sacrifier. À notre époque, nous savons que ce sont encore les femmes qui prennent en charge la grande majorité des tâches domestiques et parentales. Les valeurs de la société patriarcale ont comme conséquence de perpétrer, de manière systémique, ce **système d'oppression** dans lequel les femmes ne bénéficient que de peu de temps pour se développer, se divertir et s'émanciper temporairement de leurs contraintes familiales. La répartition des tâches est plus vaste qu'une froide comptabilité : elle doit également tenir compte de la perception, la santé mentale, les capacités physiques, l'aisance pour effectuer certaines tâches et l'équilibre qui permet aux deux partenaires de prendre soin d'elleux.

TROUVER ET CHANGER DE PROFESSIONNEL(LE)S DE SANTÉ

En devenant parent, nous devenons progressivement expert(e) d'un autre être humain. Si nous n'avons pas toutes les clefs au fur et à mesure de son développement, nous connaissons la façon dont il bouge et se comporte. Nous sommes en mesure de percevoir le moindre changement, et c'est très précieux dans la prise en charge des enfants.

Nous avons besoin de **professionnel(le)s de santé** qui prennent les parents comme des **alliés**. En confiant nos inquiétudes et nos constats, nous avons la nécessité d'être **entendu(e)**. Cela vaut pour la prise en charge des enfants mais aussi pour la sienne. Je me permets de rappeler que les pédiatres sont les premier(e)s à être en mesure de percevoir si les parents vont mal. Lors des rendez-vous fréquents en début de vie des enfants, il est important d'investiguer leur état de santé.

S'il n'y a pas de confiance ni d'écoute dans la relation de soin, il convient de changer de professionnel(le)s pour se fier à une personne qui sera dotée d'empathie et d'intérêt. **La fidélité n'a pas lieu d'être dans les milieux du soin** : seules les personnes à prendre en charge savent de ce dont elles ont besoin.

PARENT, ENFANT, PARTENAIRE, AMI(E) : TOUS SES RÔLES À COMBLER

Nous essayons de faire au mieux, mais nous n'y parviendrons jamais. Il est impossible de correspondre à toutes les attentes de notre entourage. **Le rôle de parent supplante tous les autres** dans la majorité des situations, puisque les enfants dépendent exclusivement de nous.

Cela engendre des **tiraillements dans l'entretien des relations** avec ses parents, avec sa/son partenaire de vie et même les ami(e)s. Nombreuses sont les personnes qui auront du mal à appréhender la manière dont la parentalité impacte la façon d'entretenir des relations sociales. Nous arrivons plus rapidement à saturation, car les sollicitations sont plus nombreuses. Nous avons besoin de **dégager du temps pour NOUS-MÊME**, ce qui n'était pas un sujet avant d'être parent.

Alors, progressivement, nous apprenons à dire ce qui ne nous convient pas. Cela devient un défi lorsque les limites, placées d'abord de manière non-verbale (agacement, attitude de détachement, évitement, etc.) doivent être mises en mots. Parler avec exactitude des ressentis peut effrayer par peur d'être rejeté(e) ou humilié(e).

Cela peut paraître surprenant, mais dans la plupart des cas, ces peurs paralysantes dans le cadre de nos relations sociales sont des **mécanismes de protection**. Ce sont des réactions adaptatives que nous avons apprises pour nous préserver psychiquement. Lorsque nous grandissons dans un environnement où les émotions sont tues, minimisées, voire ridiculisées, nous ne sommes pas en mesure de les communiquer. Nous apprenons qu'elles sont illégitimes. Nous finissons par avoir honte de ressentir des émotions. Grandir dans un environnement qui n'écoute pas les besoins qui se cachent derrière les expressions émotionnelles induit une incapacité à les reconnaître et à les prendre en compte. Nous finissons par croire que nous ne devons pas avoir de limite **au risque d'être mis(e) à l'écart**.

Cependant, dans le cadre d'une **relation saine et respectueuse**, il doit être possible de montrer son désaccord sans que cela ne génère de la colère ou du rejet chez nos proches. Le fait d'avoir une terreur de ne pas être pris(e) en compte est un **signe d'alerte important** à écouter dans l'équilibre relationnel.

Nous ne pourrons jamais être dans un même espace-temps un parent dévoué, être un(e) partenaire de vie qui ressemble à ce qu'iel était avant d'avoir des enfants, être un enfant pour ses parents et être un(e) ami(e) sans faille. La **pression** est trop intense et c'est bon signe que l'entourage accepte, voire soutienne, ces **transformations relationnelles**.

CHOISIR SES ALLIÉ(E)S

Nos ami(e)s sont-iels vraiment des **allié(e)s** ?

Définitivement, la parentalité met en exergue les personnes qui sont des soutiens ... ou non. Devenir parent implique d'énormes chamboulements dans l'**organisation de sa vie sociale**. Le rôle de parent prend une place considérable dans la vie et cette transformation peut dérouter celleux qui observent cela sans l'expérimenter.

Il est possible de noter des comportements qui engendrent du **mal-être** : du jugement sur la manière d'être parent, des commentaires désobligeants sur les enfants, le manque d'intérêt pour sa santé (mentale et physique) et des conseils non-sollicités qui visent à mépriser l'investissement dans la parentalité.

Lorsque la parentalité étale son aura dans la vie, il n'est plus possible de faire semblant sur les **désaccords fondamentaux**. Il se peut que la distance s'installe avec certaines personnes... Et cela ne fait pas de soi une mauvaise personne. Les chamboulements de la nouvelle parentalité nécessitent des **soutiens inaltérables** dont les interventions visent à entrer en empathie et fournir du soutien. Si nul n'est parfait, nous ne devons pas accepter des situations qui vont amoindrir la confiance en soi.

2

Découvrir son enfant et s'apprivoiser mutuellement

LES ENFANTS SONT-ILS DE PROBLÈMES À RÉSOUDRE ?

En France, nous avons tendance à percevoir les enfants comme des perturbateurs qui ont besoin d'être éduqués pour correspondre à la société. En effet, **les espaces ne sont pas adaptés aux enfants** et nous nous sentons embarrassé(e)s de les imposer alors qu'ils sont malvenus.

Pour vivre une parentalité décomplexée, nous avons d'abord besoin de **s'autoriser à être parents**, nous-mêmes, en se centrant ce qui nous semble authentiquement juste.

Être parent, ce n'est pas uniquement cocher une case des attentes sociales, c'est vivre avec des enfants. S'autoriser à être accompagné(e) des enfants et à répondre à leurs besoins, malgré certains regards désapprobateurs face à un enfant qui tète dans l'espace public ou qui râle bruyamment au sein d'une foule.

Nous avons besoin de montrer et d'intégrer que **tous les enfants sont des humains dans toutes leurs nuances**, avec une moindre capacité à inhiber leurs comportements aussi mignons que déroutants.

Nous avons souvent peur que nos enfants ne deviennent pas d'assez bons citoyen(ne)s et que nous en soyons tenus coupables. Cette crainte nous entraîne loin de la compréhension mutuelle et nous pousse dans des réactions plus dures que nécessaires. Dès la naissance des enfants, nous devrions être soutenu(e)s dans le **décryptage de leurs besoins fondamentaux**. Nous pourrions être confiant(e)s dans la puissance et l'utilité du contact physique pour la co-régulation émotionnelle à tous les temps de la vie. Nous pourrions cesser d'avoir peur que les transformations prennent du temps et que les égarements concernent tous les individus en développement.

LA THÉORIE DE L'ATTACHEMENT

La **théorie de l'attachement** explique combien les humains ont besoin de personnes susceptibles de répondre à leurs besoins sans délai durant les premiers temps de la vie afin d'acquérir une **confiance interne** et un **sentiment de sécurité** vis-à-vis du monde. C'est ainsi que les bébés s'expriment fort pour trouver du réconfort dans la co-régulation, et non pour manipuler leur entourage.

De même, en ayant un comportement prévisible, c'est-à-dire en répondant aux sollicitations, en comblant les besoins et en s'investissant dans des interactions qualitatives, les enfants se développent avec un **attachement sécure** qui leur permettra d'**explorer l'environnement** puis de venir **se ressourcer** auprès de leurs figures d'attachement (les parents ou les personnes qui prennent soin d'eux au quotidien). Il y a plusieurs types d'attachement en fonction de l'attitude des figures d'attachement auprès du bébé. L'attachement peut être sécure, désorganisé, évitant ou résistant/ambivalent.

- Lors d'un **attachement sécure**, les personnes ont une meilleure estime d'elles-mêmes et sont susceptibles de demander de l'aide en cas de besoin. Chez les enfants, ces derniers font montre d'une certaine protestation à la séparation et accueillent avec plaisir une figure d'attachement à son retour.
- **L'attachement insécure** évitant, lui, se caractérise notamment par le fait de masquer ses émotions et ne pas faire confiance aux autres. L'aide aux autres n'est donc pas demandée pour aider à réguler le stress. Les personnes concernées réduisent les signes de détresse en face des personnes qui devraient être dignes de confiance.
- **L'attachement ambivalent ou résistant** se constate lorsque les personnes ont des comportements ambivalents dans les situations de stress. Elles peuvent à la fois chercher de l'aide de manière intense, voire frénétique, tout en étant susceptibles de rejeter l'aide proposée. Les séparations génèrent de la détresse.

- **L'attachement désorganisé** se démontre lorsque les personnes se figent en situation de stress, avec un sentiment de confusion. Les personnes semblent désorientées dans ces contextes-là et peuvent se comporter de manière opposée dans un cours laps de temps. Cela se produit principalement chez les enfants victimes de maltraitances ou témoins de violences.

Ensuite, il est nécessaire d'effectuer une différence entre **lien d'attachement** et **comportement d'attachement** : les liens d'attachement se développent progressivement avec certaines personnes via des comportements d'attachements.

Ces derniers deviennent de plus en plus saillants **dans les premiers mois de la vie** afin que l'enfant n'ait pas besoin de réfléchir en cas de danger : il suit la personne avec qui il a développé un lien d'attachement. Les comportements d'attachement visent à **rapprocher physiquement les personnes qui vont assurer sa survie**. J'aime rappeler que les enfants ne dépendent pas qu'exclusivement de nous pour leurs bons soins, mais simplement pour leur survie. Jusqu'à un âge avancé, nous sommes leur monde, et ils ont très peur de nous perdre, de manière rationnelle, avec des expressions souvent intenses.

En grandissant dans un **contexte sécurisant**, les enfants vont comprendre que leurs figures d'attachement sont disponibles au besoin et initier des activités sans leur présence active.

Ensuite, vers l'adolescence, les liens d'attachement bien construits vont permettre une **distanciation**. Le besoin principal n'est plus d'être à proximité, mais d'être entendu(e), écouté(e) et **accompagné(e) émotionnellement**. La confiance dans ses proches et en soi permet de vivre sans crainte de perdre les liens. Ceux-ci sont susceptibles de se distendre sans jamais se rompre.

Le type d'attachement est défini dans les premières années de la vie, il peut être réparé par des expériences positives assez tôt dans la vie ou par une thérapie ciblée comme l'**ICV** (*Lifespan Integration*).

Dans la rencontre avec les enfants, nous allons aussi vers une lecture de nous-même. Nous allons prendre conscience de la façon dont nous supportons la proximité et les sollicitations intenses. La construction des liens d'attachement et, dans un second temps, la survenue des explorations, mettent du temps. L'humain a une longue vie et ne se prive pas des liens sociaux pour parfaire ses connaissances avec les membres les plus expérimentés du groupe. L'enfance est courte en regard de la durée de la vie, mais elle semble longue aux parents entre la naissance et un semblant de liberté retrouvée, quand les comportements d'attachement sont moins frénétiques.

SE FAIRE CONFIANCE ENVERS ET CONTRE TOUT

Je continue de partager cette vision de la relation aux enfants qui veut que, si nous avons l'impression de faire les choses à contrecœur, « parce qu'il faut » : c'est une **alarme de fausse route**. De même, nous sommes susceptibles d'être régulièrement mis en difficulté dans la parentalité. Nous allons être confronté(e)s à des comportements apparemment incompréhensibles des enfants. Nous allons avoir des réactions à l'opposé de celles que nous avions prévues. Nous allons expérimenter des échos puissants de notre propre vie à chaque étape de l'existence de nos enfants.

Être parent s'accompagne inexorablement d'un équilibre à trouver et à redéfinir, à chaque étape de vie. **Nous ne sommes pas omniscients.** Nous n'avons que rarement réglé tout ce qui nous a abîmé... Alors, il est opportun d'aller **chercher de l'aide** auprès de professionnel(le)s lorsque nous nous sentons dans une impasse.

3

Embrasser les ressemblances et accepter nos différences

RESSEMBLANCES AVEC LES ENFANTS

« Je suis sa mère ! Évidemment que je le connais par cœur, puisque je l'ai fait ! »

Est-ce vrai ? **Les parents connaissent-ils leurs enfants mieux que personne ?**

Par certains aspects, les parents sont les tenants des souvenirs, de la façon de réagir et ils ont été présents dans la construction identitaire. Mais ce n'est pas forcément évident d'être confronté(e) à ce que nous n'apprécions pas. Soyons honnêtes, nous n'aimons pas tout de nous. Les enfants apprennent en nous regardant et adoptent nos comportements et réactions, bien plus que nos explications et les sermons. Il est bien frustrant de constater que **nos enfants sont nos miroirs**, même pour les aspects les moins flatteurs.

D'ailleurs, il y a des effets antagonistes aux ressemblances avec un enfant. Tantôt cela peut aider à se comprendre et faciliter la relation, tantôt cela peut aiguiser l'agacement et donner l'impression d'être piégé(e) face à quelqu'un qui semble nous mettre en échec. Se reconnaître dans son enfant permet de **renforcer le lien**. Lorsque nous avons des accointances avec quelqu'un, il est plus facile d'échanger et de se comprendre. Lorsque nous avons déjà pris du recul sur nos propres attitudes, nous ne pouvons pas blâmer un enfant d'avoir les mêmes que les nôtres. Nous pouvons, dès lors, entrer plus aisément en empathie et apporter le soutien nécessaire.

Une des difficultés parentales est de **se tenir à distance de la projection à travers l'enfant qui lui ressemble** : ce n'est pas parce qu'un enfant a de nombreux points communs avec nous qu'il aura les mêmes stratégies pour remplir ses besoins. Qui plus est, comme tous les individus, l'expérimentation est la base des apprentissages. Nous ne pouvons pas leur servir des solutions abouties alors qu'ils ne sont qu'au début du cheminement. Nous devons nous décharger de cette responsabilité prétendue de devoir les épargner des aléas en leur offrant les raccourcis que nous aurions aimé avoir. Ils n'ont pas la même vie que nous, des décennies auparavant.

Avoir un enfant qui partage des similarités physiques, des passions communes et des réactions proches des nôtres est **un défi en termes de projection de soi**. Nous avons besoin de nous apaiser par rapport à cette pression de tout comprendre immédiatement et de prodiguer des conseils efficaces. Notre rôle de parent est celui d'un(e) **accompagnant(e) au quotidien**, et non d'un coach en développement personnel ! Nos enfants n'ont pas le devoir d'aller plus vite, d'être plus performants ou d'être plus éduqués que nous parce que nous y mettons les moyens.

Avec les enfants qui nous ressemblent et au travers desquels nous pouvons nous revoir, un exercice pertinent est de **regarder tout ce qui nous différencie,** et de prêter d'autant plus attention à ce qui leur **appartient spécifiquement,** afin de soutenir leur différenciation vis-à-vis de nous.

Cela permet de ne pas se prendre dans les projections et ainsi de leur laisser plus de place, loin des **prophéties autoréalisatrices**[1] qui existent dans les familles.

Un autre élément indispensable : le travail de son **estime de soi**.

Il est extrêmement fréquent que les parents aient peur que leurs enfants deviennent comme eux. Si nous connaissons les éléments qui pourraient être améliorés dans nos attitudes, cela dénote une perception de soi très négative. Or, cette petite voix intérieure qui nous dénigre n'est pas **authentique**. Nous avons besoin de nous **délester de ce mépris de soi** et ne pas avoir peur de transmettre.

---

[1] Lorsqu'un individu ou un groupe d'individus s'attend à un évènement, souvent désagréable, il y a une tendance à modifier ses comportements en fonction des prédictions et cela a pour conséquence d'accroître le risque que la prophétie se réalise. Par exemple : « Je vais finir seule ! ». La personne est insécure dans toutes les relations et aura des comportements d'hyperdépendance affective ou de rejet, voire les deux en alternance, donc ses proches auront du mal à rester en lien avec elle. La personne pourra se retrouver souvent seule, ce qui confirmera sa prophétie.

UN ENFANT TRÈS DIFFÉRENT DE NOUS ?

À l'inverse, il arrive que nous ayons des enfants avec qui nous n'avons **pas de points communs**.

Cela peut se démontrer physiquement, dans le comportement, dans les aspirations et les passions.

Évidemment, nous retrouvons cette différence chez les enfants atteints de handicaps, avec lesquels nous devons revoir toutes nos attentes parentales.

Parfois, les difficultés d'avoir un enfant différent de soi s'enracinent dans la **séparation du couple parental**. Un enfant qui ressemble beaucoup au/à la partenaire qu'on a quitté(e) peut faire ressurgir de la rancœur. Il est facile de se connecter avec quelqu'un qui partage la même passion, mais il peut être déroutant de découvrir son enfant adorant ce qui n'a jamais été un intérêt pour nous. La relation peut être mise à l'épreuve par cette **distance**. Nous pouvons ressentir de la colère, de l'incompréhension ou encore de la tristesse que son enfant ne nous rejoigne pas dans ce que nous aimons partager.

Dans un environnement suffisamment bon, les enfants peuvent s'orienter vers ce qu'ils aiment, **indépendamment de la manière dont les parents le vivent**. Par agacement et incompréhension, il arrive que certains parents aient des mots désobligeants sur les choix ou les comportements des enfants. Il peut aussi arriver que les parents se sentent trop à distance de leurs enfants. Il peut être difficile de s'intéresser à leurs passions ou leurs émotions si elles ne sont pas communiquées de manière considérée comme convenable. Cela peut être décourageant d'avoir un enfant très renfermé alors que nous sommes extraverti(e)s. À l'inverse, un enfant explosif peut être accompagné de façon brutale dans une famille où le calme est exigé.

La différence pousse toujours à **remettre en question ce qui était considéré comme normal**.

C'est d'autant plus saillant pour les parents dans une adelphie. **Chaque enfant est singulier** et les liens d'attachement se forment avec chacun(e) très différemment. Nous pouvons nous retrouver un peu chez chacun(e) et mieux vivre la différence sur les autres aspects. Lorsqu'il n'y a qu'un enfant, nous avons tendance à croire que nous sommes responsables, voire mis(e)s en échec, à cause de ces divergences.

Face à un enfant que l'on sent très différent de soi, il convient de chercher la connexion **en s'intéressant à lui et à ses centres d'intérêt**.

Nous pouvons l'inviter à partager des moments privilégiés afin d'effectuer des découvertes ensemble. J'invite les parents à percevoir cette différence comme une proposition à observer le monde autrement. Les différences mettent en exergue des axes de la vie que nous n'aurions jamais pu découvrir seuls. Les **exercices d'empathie et de reformulation** sont primordiaux pour s'assurer que nous comprenons bien les situations, les demandes, les contraintes de la même manière. Les **quiproquos** et les **non-dits** sont le lit de nombreux **conflits familiaux**.

LE REJET DE LA PART D'UN ENFANT

Dans la volonté de vivre une parentalité où nous prenons conscience de nos mouvements psychiques, nous avons besoin d'aborder la notion du rejet. Les enfants ont tendance à pouvoir **rejeter un de leurs parents** avec beaucoup d'intensité. Dans leur développement, notamment en Occident, il arrive souvent qu'un enfant préfère interagir avec un parent plutôt qu'un autre. Cela peut arriver dans un moment d'insécurité, pendant une activité spécifique, ou durant un soin. « Non, Papa ! » ou « Non, Maman ! », ça arrive tout le temps. C'est un stade **normal** du développement.

Pour autant, c'est inconfortable pour le parent qui est mis à distance régulièrement. Lorsqu'il y a un certain équilibre, les rejets ponctuels sont la plupart du temps bien vécus. Néanmoins, si un parent est systématiquement mis à l'écart quand le second parent est présent, cela peut causer une vraie **détresse psychologique** : d'abord, l'incompréhension va saisir les parents, puis le sentiment d'impuissance. Le risque est qu'un détachement de l'enfant s'ensuive si le parent concerné ne trouve plus de renforcement positif dans la relation avec lui.

Je mets en évidence qu'une des périodes les plus sensibles est le **post-partum**. Beaucoup de nouveaux parents peuvent se sentir inefficaces dans leurs comportements face au bébé. C'est impressionnant de se retrouver face à cet être qui n'a pas de mode d'emploi ni la capacité de communiquer précisément ses besoins. Parfois, les angoisses sont majeures et le mal-être peut flamber. Dans le cas où le bébé ne parviendrait pas à se rassurer avec un des parents, cela génère un énorme **sentiment d'échec**.

Les bébés, comme beaucoup d'êtres humains, se sentent plus à l'aise et en sécurité avec quelqu'un de **confiant**. La personne affublée d'angoisses, qui se sent vulnérable et fatiguée, peut finir par croire qu'elle est inutile auprès de ce bébé. Tout cela finit par former un cercle vicieux dramatique.

La dépression post-partum touche environ 30 % des mères, et je rappelle que le suicide est la deuxième cause de mortalité chez les jeunes mères. La difficulté à supporter le rejet et le sentiment d'être inutile sont deux éléments à ne jamais négliger.

Un bébé, ou un enfant, n'a **jamais d'intention malveillante** en rejetant un de ses parents, il cherche simplement à exercer son choix. Lorsqu'un parent subit cette situation, il peut y avoir des échos puissants à un sentiment de rejet qui était déjà bien ancré avant même la mise au monde du bébé. Être rejeté(e) par son enfant, de manière systématique ou transitoire, peut remémorer un **sentiment de rejet vécu dans l'enfance** par des pairs ou même ses propres parents. Si le parent a déjà l'impression de ne pas avoir une grande valeur, ce rejet de la chair de sa chair peut être vécu comme une **ultime violence psychique**.

Lorsqu'il y a des peurs massives liées à la relation avec l'enfant, il est nécessaire de se faire **accompagner psychologiquement** afin de se sortir des croyances limitantes.

Dans tous les cas, je recommande au partenaire qui a un lien serein avec son enfant de **participer à la restauration/création du lien avec l'autre parent**. En manifestant son envie de partager du temps à trois, en mentionnant toutes les qualités de l'autre parent, en lui témoignant de l'attention et de la tendresse, cela change la **dynamique familiale**. Qui plus est, recevoir de l'empathie et des attitudes chaleureuses de la part de son/sa partenaire permet de mieux vivre le rejet de l'enfant. Cela démontre que l'amour continue de circuler malgré les accrochages.

L'EGO EN PARENTALITÉ

J'aurais pu dire « l'ego dans la vie », mais ça risquait d'être trop vaste. Cependant, il y a des conclusions qui se généralisent à tous les niveaux de l'existence.

Qu'est-ce que « l'ego », précisément ?

D'une part, il s'agit de la **conscience de soi** et de la façon dont nous nous percevons **par rapport au monde**. D'autre part, selon les théories psychanalytiques, il s'agit d'une composante de la personnalité qui gère le monde extérieur et les contraintes qui y sont associées.

L'usage commun sous-entend que l'ego est la façon dont on se sent par rapport à l'extérieur et comment nous allons y réagir. Nous disons que quelqu'un a un ego surdimensionné lorsque cette personne se valorise, s'estime meilleure que les autres et a des difficultés à se remettre en question. À l'inverse, nous estimons que quelqu'un manque d'ego quand il remet en question son opinion, s'efface, ne veut pas argumenter et manque de consistance.

Ne le prends pas personnellement…

En parentalité, nous avons un rôle très spécifique auprès des enfants. Nous devons être des pourvoyeurs de soins, d'éducation, de stabilité, d'attention et surtout, d'affection. La plupart des parents souhaitent agir de la meilleure manière qui soit selon les informations dont ils disposent. Dès lors, **nous investissons beaucoup de temps** pour que les enfants aient ce dont ils ont besoin. Nous mettons du cœur dans les activités, dans l'organisation quotidienne, dans l'attention donnée et dans les repas, par exemple. Même si nous ne l'avouons pas, nous espérons souvent recevoir, en retour, une **forme de gratitude**.

Force est de constater que la parentalité est ingrate : il s'agit d'une **relation asymétrique** et nous ne recevrons jamais tout ce que nous avons investi. Les enfants n'aimeront pas nos repas faits avec amour, ils ne seront pas en mesure d'apprécier toutes les activités organisées, ils ne seront pas disponibles au moment où nous nous sommes débrouillé(e)s pour l'être et nous aurons des remarques sur ce qui leur semble injuste.

Tout ça est perçu comme ingrat si nous restons dans une **perspective de don/contre-don**. Or, il s'avère que **nos enfants ne nous doivent rien**. Nous avons une obligation de moyens, mais pas de résultats. Nous ne pourrons jamais contrôler les enfants et ils ne nous appartiennent pas.

Ce constat apparaît violent. Nous aimerions être reconnu(e)s et soutenu(e)s dans les efforts. Les enfants ne sont pas en mesure de nous montrer ou de pratiquer une forme de renforcement positif qui indique la bonne voie à prendre. Nous pouvons être vexé(e)s, ressentir de la tristesse et/ou de la colère de ne pas avoir de valorisation de la part de nos enfants. Pourtant, le manque de gratitude perçu, particulièrement dans la petite enfance et durant l'adolescence, ne dit rien de nous.

Il est important de déconnecter son estime de soi et son ego des comportements de nos enfants. Qu'ils n'aiment pas un plat ne remet pas en question nos compétences en cuisine. Le fait qu'ils veuillent toujours plus ne veut pas dire que vous ne faites pas assez ou que vous leur avez mal enseigné comment se satisfaire de ce que l'on a.

Je voulais juste qu'on discute…

De l'autre côté du spectre, nous avons besoin de pouvoir **nous remettre en question**. Nous ne sommes pas infaillibles et cela peut être difficile de recevoir des remarques sur l'inadéquation de nos attitudes. Encore une fois, **nous faisons de notre mieux**. Parfois, ce mieux n'est pas celui que nos enfants perçoivent, puisqu'ils vivent dans une réalité différente de la nôtre, où les responsabilités parentales qui nous incombent n'existent pas.

Si j'invite à ne pas prendre les goûts et les rejets personnellement, je propose aux parents de garder la porte ouverte pour **communiquer** autour de la relation et de la dynamique familiale. Ce qui est fantastique, c'est que tout est adaptable au fur et à mesure. La relation parent-enfant permet une grande tolérance et une capacité à pardonner : les liens d'attachement permettent de supporter les remous.

Dès lors, nous avons besoin de travailler sur cette **capacité à être confronté(e) à des difficultés** sans que ce soit tout l'être qui s'effondre psychiquement dans la culpabilité ou explose dans la colère.

Encore une fois, la parentalité s'enracine dans une **recherche d'équilibre** pour tous les membres de la famille. L'équilibre vacille régulièrement avec le développement des enfants, les contraintes de la vie, etc. **Nous gagnons à pouvoir vaciller sans nous écrouler.** Nous pouvons incarner cette flexibilité, cette possibilité de mettre en mouvement ce qui avait été précédemment acté.

ACCEPTER NOS ÉMOTIONS AMBIVALENTES

Les émotions contradictoires nous cueillent dès la grossesse. Nous pouvons être heureuses et effrayées d'être enceintes. Nous pouvons désirer un enfant et ressentir un vertige à l'idée de s'y projeter concrètement. Nous pouvons chérir ce ventre, mais détester les vergetures et les contraintes physiques inhérentes à la grossesse. La perspective de la parentalité est joyeuse tandis que nous craignons de ne pas trouver d'équilibre.

Être parent est profondément bouleversant. Nous ne pensons plus de la même manière pendant 3 ans, qui est la durée réelle du post-partum. Quand l'enfant émerge de son milieu, ces émotions ambivalentes demeurent. L'amour n'est pas toujours débordant au premier regard, comme nous pouvons le croire. Nous ne nous sentons pas forcément habiles dès les premiers instants. Pour certains parents, il peut même y avoir une impression de jouer un rôle durant la première année de vie.

Nous ne naissons pas parents, nous le devenons **avec l'expérience de la relation avec un enfant**.

Le propre même de l'ambivalence parentale est de trouver le temps long durant les journées seul(e) avec un tout-petit et, à la fois, d'être saisi(e) par la vitesse à laquelle le temps passe.

J'en parlais précédemment, la condition d'être parent ne s'accompagne pas nécessairement d'un épanouissement. La parentalité peut participer à son accomplissement et à son épanouissement, mais elle ne suffit pas. Il est donc parfaitement normal d'avoir besoin de vivre d'autres situations que les contraintes parentales pour se sentir bien. Dès lors, les sentiments ambivalents signalent le ras-le-bol, la peur, le sentiment d'insatisfaction, d'inefficacité perçue, etc.

Les sentiments ambivalents, ainsi que l'angoisse d'être parent, peuvent émerger avec force durant la grossesse et après la naissance. En fonction de son histoire personnelle, le vécu de la parentalité est spécifique. Là encore, même si c'est difficile à admettre : plus tôt l'éclairage est mis sur les difficultés, plus vite la dyade parent-enfant peut s'établir, sans que le parent n'ait l'impression de s'oublier ou d'être inapte.

Normalisons l'ambivalence : elle n'a rien de grave. Écoutons les émotions, elles sont là pour mieux nous connaître et prendre soin de nous.

4

La libération de pratiquer une parentalité « hors norme »

Les parents sont sujets à un nombre impressionnant d'**injonctions**. Il y a de jolies recommandations qui se transforment en dogmes terrassant toute forme de singularité.

Je ne pouvais pas faire l'impasse sur les pratiques de parentalité considérées comme hors norme, puisqu'elles ne correspondent pas à ce que mettent en œuvre la majorité des parents. Du moins, pas de manière revendiquée ni officielle.

Dans les faits, qui n'a jamais dormi avec son enfant ?

C'est du **cododo**.

Qui n'a jamais porté son enfant ?

C'est du **portage**.

Qui n'a jamais tenté de retirer les couches pour permettre aux enfants d'expérimenter leur continence ?

C'est une **forme d'hygiène naturelle infantile**.

Qui n'a jamais aidé ou soutenu ses enfants lors des devoirs ou pour l'apprentissage d'une notion ?

C'est de l'**instruction effectuée en famille**.

Il y a de nombreux exemples qui peuvent être donnés de façon que les parents ne se sentent ni jugés ni complètement différents.

Lorsque des parents revendiquent une parentalité différente de celle qui est préconisée dans les précis de puériculture, ils s'informent intensément pour s'assurer que ce vers quoi ils tendent est inoffensif pour leurs enfants. C'est la raison pour laquelle les parents peuvent être exaspérés de recevoir tant de remarques sur leurs méthodes.

Bien entendu, cela ne signifie pas qu'ils ont raison et qu'ils font toujours ce qui est idéal pour leurs enfants. Quelle que soit la parentalité, cela demande des ajustements constants avec les enfants et avec soi-même, avec de nécessaires essais-erreurs.

LA PARENTALITÉ PROXIMALE

Le **parentage proximal, ou parentalité proximale**, est d'abord une attitude globale vis-à-vis des enfants. L'objectif est d'être capable de répondre à leurs besoins, de favoriser l'attachement parents-enfant, d'agir au plus proche de la physiologie, tant du parent qui a porté l'enfant que du bébé, et d'être dans une démarche de confiance, tant envers soi que vers l'enfant en devenir.

La plupart du temps, le parentage proximal comprend l'**allaitement**, le **portage physiologique** ainsi que le **sommeil partagé** ou **cododo**. Mais cela peut aussi inclure les pratiques d'hygiène naturelle infantile, le peau-à-peau intensif durant les premières semaines de vie, les accouchements physiologiques et à domicile, le non-séparatisme, les choix pédagogiques alternatifs comme l'IEF[1], la motricité libre et la diversification alimentaire menée par l'enfant. **Chaque famille est singulière,** et chacune vit son parentage proximal d'une manière qui lui est propre.

Aujourd'hui encore, des **informations contradictoires** sont disponibles sur le sommeil partagé avec les enfants, les effets du portage, de l'allaitement (notamment s'il est non-écourté) ou d'autres pratiques qui ne sont plus ancrées culturellement.

Ce qui rend ces pratiques hors norme est uniquement le fait qu'elles ne soient **pas habituelles dans la culture occidentale**.[2] Cela ne dit rien de leurs avantages ou de leurs méfaits. Dans tous les cas, **il n'y a pas de parentalité sans parent**. Certain(e)s s'imaginaient fusionnel(le)s à souhait alors qu'iels sont terrassé(e)s d'angoisses de ne pas savoir combien l'enfant boit au sein, s'iels ne risquent pas de l'écraser en dormant ou de le faire tomber en le portant. À l'inverse, d'autres s'imaginaient dans une parentalité plutôt conforme à notre culture, mais iels sont happé(e)s par l'envie irrépressible de garder leur tout-petit collé à elleux et découvrent finalement une forme de réalité parallèle à ce qui est communément partagé.

---

[1] IEF : instruction dans la famille.

[2] J'ai consacré mon premier livre à la compréhension de l'impact de notre culture sur les pratiques parentales : Natacha Butzbach, *Pourquoi les bébés dorment-ils dans des lits à barreaux ?* aux éditions Le Hêtre Myriadis, 2021.

Je le répète, il n'y a pas de meilleure parentalité : il convient de suivre ce que nous préférons pour nourrir le lien avec nos enfants. Notre histoire de vie et nos conditions de vie influencent notre rapport au monde et donc aussi à notre progéniture. D'ailleurs, toutes les pratiques parentales évoluent avec le développement des enfants. Je peux assurer que les enfants finissent par manger, qu'iels aient découverts l'alimentation avec des purées ou avec des morceaux tendres. Iels dormiront seul(e)s même s'iels ont fait du cododo, et marcheront en ayant été porté(e)s ou poussé(e)s avec une poussette. Les connaissances actuelles démontrent que **les pratiques de parentalité proximale n'entravent pas le développement de l'autonomie des enfants**.

L'ÉDUCATION NON-VIOLENTE

À l'heure actuelle, je ne sais pas s'il est encore possible de dire que l'éducation qui tend vers l'**absence de violence** est hors norme. Il s'avère néanmoins que le traitement médiatique du sujet est épineux et qu'il est contradictoire. Le fait de **sortir du système de domination envers les enfants** génère beaucoup de peurs chez les adultes. Il y a une confusion fréquente entre la **volonté de ne pas être violent** et le **laxisme**, comme s'il n'y avait pas de règles de vie sans violence.

Il n'y a pas de définitions arrêtées des **violences éducatives ordinaires**. Sortir des VEO est une ouverture sur un mode de relation qui n'existait pas jusqu'à présent : mettre les besoins des enfants et des adultes sur le même plan. Je préfère dire qu'il s'agit plutôt d'équité que d'égalité, puisque les enfants dépendent des adultes pour satisfaire la plupart de leurs besoins.

Cela fait débat puisque, comme chaque changement social, les modèles manquent. Notre génération doit tisser un type de relation qui n'a pas été expérimenté jusqu'alors dans notre culture.

Sur le sujet, de **nombreuses injonctions** ont émergé. Tendre vers la non-violence éducative devient un enfer pavé de bonnes intentions pour les parents. Nous avons été éduqué(e)s dans la culpabilisation, ce qui conduit les parents à vivre avec une pression d'agir parfaitement. Or, c'est absolument impossible.

Être bienveillant avec **les enfants passe par le fait d'être bienveillant avec soi-même.** Pour accepter les erreurs et les débordements des enfants, nous devons accepter les nôtres. Pour autant, il est important d'épingler les contenus, quel que soit le média, qui utilisent un ton culpabilisant les parents. Certains ouvrages à la sauce « Y a qu'à... Faut qu'on... » n'aident souvent pas les parents qui auraient besoin de soutien à ce sujet.

En outre, le changement d'accompagnement et de perception des enfants passe par un **soutien sociétal**. Si nous sommes susceptibles de cheminer individuellement, l'ancrage profond ne peut s'effectuer que si des mesures concrètes parviennent à tous les parents. Nous pouvons prendre exemple sur les **pays d'Europe du Nord**, où les parents bénéficient de rencontres organisées par les communes pour **réduire l'isolement social dans la parentalité**, de campagnes de prévention et d'informations massives sur le sujet, d'accompagnements parentaux accessibles à toutes et tous. Bref, les parents ont besoin d'**actions collectives** afin de ne plus avoir l'impression de lutter pour s'informer de manière fiable.

L'INSTRUCTION DANS LA FAMILLE

Malheureusement freinée par le gouvernement depuis 2020, l'**instruction dans la famille** demeure une voie d'acquisition du socle des compétences. En France, elle est possible dans le cas d'un **nomadisme** des parents. D'autres critères la rendent accessible, comme la **pratique d'un sport à haut niveau** ou un **état de santé non compatible** avec la scolarisation. Lorsque les parents veulent faire le choix de l'instruction en dehors de ces situations, ils doivent prouver une raison propre à l'enfant. L'instruction dans la famille n'est plus un droit en France, elle peut prendre acte dans le cadre d'une **dérogation**.

Alors, pourquoi lutter en choisissant ce mode de vie ? Certaines familles estiment que la scolarisation obligatoire à 3 ans est **précoce** et préfèrent garder leurs enfants à domicile au moins durant les années de maternelle. D'autres souhaitent mettre en place **un autre mode de vie** avec leurs enfants : respect de leur rythme de vie, de leurs intérêts et davantage de temps consacré à leurs passions. Les familles qui optent pour l'instruction dans la famille ne sont pas similaires, elles la pratiquent toutes différemment et ont un rapport singulier à l'Éducation nationale. Certains la décrient tandis que d'autres y voient simplement un modèle avec lequel ils ne s'accordent pas pour le moment.

Dans tous les cas, l'instruction dans la famille a toujours été contrôlée et les parents ne sont pas totalement libres, puisque les enfants doivent bénéficier d'un **socle commun**. Des **inspections annuelles** sont organisées pour vérifier que les enfants sont instruits, progressent et évoluent dans un cadre de vie adéquat. Tout cela devrait rassurer les plus sceptiques.

DES FAMILLES EXTRA-ORDINAIRES

J'emprunte cette formulation à Constance Démettre, la créatrice du podcast « Les enfants vont bien » et du compte Instagram **@lesenfantsvontbienpodcast**, qui s'évertue à donner de la visibilité aux familles qui ne rencontrent pas la **norme des familles nucléaires hétérosexuelles**. Pourtant, ces familles à la composition particulière se sentent comme toutes les familles : des parents qui ont la responsabilité de **prendre soin de leurs enfants**. Ni plus ni moins.

La maternité solo

Des mères seules, **il y en a toujours eu**. Que cela puisse être désiré et mis en œuvre est une nouveauté. S'occuper seule d'un enfant paraît une tâche impossible aux yeux de notre société qui clame le besoin de deux parents, et préférentiellement de deux parents de genres différents.

Pourtant, bon nombre de mères s'occupent de leurs enfants majoritairement seules, puisque le conjoint ne prend pas en charge les tâches domestiques ou parentales. Le choix d'être seule dès le départ enlève cette attente envers le partenaire de vie. Déconnecter la volonté d'être mère avec le fait d'être en couple permet également de **ne pas faire peser sa propre envie** sur quelqu'un d'autre.

La difficulté principale de la maternité solo est le **jugement social** qui l'affecte. De nombreuses personnes sont convaincues que les enfants ont un besoin absolu d'une figure masculine qui fait office de tiers séparateur. Cela part d'un **postulat psychanalytique**, dont la validité scientifique reste à prouver, que les mères ne sont pas capables de discernement, protégeraient trop les enfants et les impacteraient négativement en étant trop fusionnelles. En outre, les figures masculines sont partout dans la société, puisque les hommes représentent 48 % de la population mondiale.

Gardons également en tête que les mères solos ont « tout le poids du monde sur les épaules », puisqu'elles choisissent d'assurer la **responsabilité parentale seule**. Un des facteurs qui peuvent les affecter le plus est la **culpabilisation sociale** de ne jamais être suffisantes, parce qu'elles sont seules aux yeux de la loi. Pour autant, cela ne dit rien de la place de l'entourage auprès de l'enfant. La parentalité en solo ne veut pas dire que les parents sont isolés. Les mères solos auraient même tendance à recevoir **plus de soutien social que les mères en couple**, puisque ces dernières ne sont pas estimées comme étant en difficulté.

Je ne peux pas traiter le sujet avec exhaustivité, mais je recommande la lecture d'un ouvrage passionnant : *Si je veux : mère célibataire par choix* de Johanna Luyssen. Depuis 2021, en France, la loi bioéthique a ouvert la **procréation médicalement assistée** (PMA) aux femmes célibataires.

L'homoparentalité

Rien ne ressemble plus à un couple qu'un autre couple. L'homoparentalité est très similaire à l'hétéroparentalité. Les enjeux sont identiques, mis à part sur le plan de la **considération sociétale** : les personnes en couple homosexuel subissent encore des **préjugés infondés**. Pourtant, les lois évoluent, et il est aujourd'hui possible de les protéger et de faire porter la responsabilité parentale sur les deux parents de même genre.

Une des questions spécifiques aux couples ayant recours à un donneur ou une donneuse est **le lien à l'enfant sans partager son matériel génétique**. Les questionnements vont alors se tourner sur le choix du parent qui donne ses gamètes. Une frange de la population propage l'idée que le parent social (= celle ou celui qui n'a pas de lien génétique avec l'enfant) n'est pas réellement un parent. Pourtant, le projet est porté par deux personnes, même si les liens génétiques sont unilatéraux. Je tiens à rappeler à ces personnes que ça équivaut à une **semi-adoption** (voire une adoption à effectuer au niveau légal). **Personne n'irait dire à des parents adoptant qu'iels ne sont pas parents.**

Nous avons la certitude depuis au moins deux décennies que les enfants nés et évoluant dans une famille homoparentale se développent **aussi bien que dans une famille hétéronormée**. De même, les couples homosexuels ne créent pas plus d'enfants dont l'orientation sexuelle sera similaire. Cela semble logique puisque nous évoluons dans **une société majoritairement hétérosexuelle**, où les représentations culturelles sont hétérosexuelles, sauf s'il s'agit de contenus étiquetés LGBT+. D'ailleurs, la plupart des personnes LGBT+ sont nées de couple hétéros. La société ne risque pas de « grand remplacement » par le lobby arc-en-ciel... Si tant est que ce soit une crainte !

Depuis 2021 en France, la **loi bioéthique** a ouvert la procréation médicalement assistée (PMA) aux couples de femmes. Cependant, pour des raisons d'accessibilité et de choix, beaucoup se tournent encore vers les autres pays européens, plus ouverts sur la question. La **gestation pour autrui** (GPA) demeure interdite en France, empêchant les couples d'hommes et les couples infertiles d'accéder à la parentalité légalement par ce biais.

La coparentalité

C'est sûrement le modèle de parentalité le moins connu du grand public : la possibilité de faire un enfant **sans être un couple amoureux**, sans la puissance des aléas émotionnels qui touchent le couple durant la parentalité. Deux parents génétiques, parfois deux couples de mêmes genres, qui s'unissent pour créer un enfant en dehors de l'amour romantique.

La coparentalité remet en question les normes de la famille. Il y a autant de modèles de coparentalité que de couples parentaux qui prennent cette voie : cohabitation, habitations rapprochées, garde partagée, évolution de la garde en fonction de l'âge de l'enfant, etc. Toutes les modalités sont possibles et envisagées en amont du projet de concevoir un enfant.

Le concept crispe souvent notre morale forgée avec notre **culture du couple marital et fondateur**. Ce schéma familial dénonce les interdépendances entre les deux parents, tout en misant sur l'indéfectible soutien.

Bien que la situation fondatrice soit diamétralement opposée, un parallèle se dessine avec les parents séparés. Même si la séparation est effective dans le couple, **l'équipe parentale demeure autour de l'enfant**. Son intérêt supérieur prime dans les décisions et l'organisation.

Comme toutes les relations humaines et dans l'accompagnement d'un enfant, il y a des désaccords au sein des coparents. Ce n'est pas une situation idéale ni un choix meilleur que les autres : là encore, il s'agit d'un choix de vie qui correspond aux besoins de certain(e)s. Je voulais que ce modèle soit représenté dans ce livre puisqu'il est **aussi légitime que les autres**.

La transparentalité

La transparentalité est simplement le fait qu'un enfant ait un **parent transgenre**. Que ce dernier ait effectué sa transition avant ou après la naissance, la transparentalité en couple ressemble à la parentalité d'un couple, peu importe le genre des partenaires. Les enjeux sociétaux se situent autour des **discriminations** et du **jugement** portés sur les personnes transgenres.

Certain(e)s nient la légitimité, voire l'existence de personnes qui ne se reconnaissent pas dans le genre attribué à la naissance. J'ai tendance à considérer qu'il est souvent difficile d'envisager dans toute sa complexité et ses nuances une situation que nous ne traversons pas. Pour autant, nous avons le **devoir citoyen** d'entendre et d'accueillir les personnes dans leurs ressentis. Les personnes transgenres ont toujours existé, tout comme les personnes homosexuelles. Les prétendues augmentations sont en réalité une **augmentation de la visibilité**. Auparavant, il était impossible de déroger aux normes sociales. L'homosexualité est encore condamnée dans de nombreux pays. La transidentité était psychiatrisée il y a encore quelques années de cela : en 2009, la France était le premier pays à proclamer que le *transsexualisme* (terme d'époque) n'était **pas une pathologie mentale**. Sur le terrain, la stigmatisation et les questions sur les pathologies psychiques derrière les transidentités demeurent vives.

Les lois évoluent poussivement et permettent aux personnes transgenres de **changer de sexe à l'état civil** sans se faire stériliser, bien qu'elles doivent encore arguer devant un tribunal. Cependant, la loi bioéthique de 2021 a mis de côté les personnes transgenres : elles ne peuvent **pas accéder à la PMA en France**. La discrimination continue et les enfants issus de couples dont au moins un des parents est transgenre continuent de subir de la **stigmatisation**. Pourtant, ces enfants grandissent parfaitement bien, comme ceux des couples homosexuels. Les seules souffrances subies à cause de leur composition familiale sont dues aux **comportements des personnes discriminantes**.

5

Choisir ses batailles

Je suppose que vous avez déjà entendu cela, sans trop savoir ce que cela voulait dire. Nous avons souvent l'impression de devoir assurer sur tous les plans et de fournir, inlassablement, le contexte le plus adéquat. Seulement, dans bien des situations, **nous faisons avec nos ressources**. Cela demande parfois de transiger sur ses propres exigences. Nous pouvons constater avec soulagement que les enfants n'en souffrent pas ! À force de remplir nos vies, nous vivons moins intensément.

IL N'Y A PAS DE PARENT PARFAIT !

Je rêvais d'être une **mère idéale**, qui ne cause aucune émotion désagréable à son enfant, sauf celles qui sont inévitables, parce que je n'aurais jamais le pouvoir de recoller une banane ouverte, ni celui de guérir un genou écorché (oui, j'ai essayé les bisous magiques). Je me suis demandé quels étaient les éléments qui me manquaient pour y parvenir, si c'était réaliste et si c'était souhaitable. Il me manque la capacité à faire plusieurs choses à la fois, ainsi que celle de surpasser toute sensation de fatigue psychologique et mentale. En sous-texte, je voulais être une mère qui n'a **pas de limite personnelle** et qui sait **tout gérer seule**. Ce n'est évidemment pas réaliste. Et ce n'est même pas souhaitable, parce que cela dénote une incapacité à reconnaître ses limites.

Mes attentes, comme celles de la plupart des jeunes parents occidentaux, qui rêvent d'être des parents parfaits, maîtrisant l'éducation bienveillante, épanouis quelle que soit la situation, représentent le **paroxysme de la société individualiste, capitaliste et outrageuse** dans laquelle nous évoluons. Mais pourquoi désirer cela ? Que voulons-nous transmettre à nos enfants par notre attitude quotidienne ? Dans l'éducation respectueuse, nous avons à cœur de **respecter les limites des enfants**, de leur enseigner le **consentement** (pour la sécurité sociétale qui n'est pas encore assurée) et d'entrer en **empathie** avec eux. Pourquoi donc les parents devraient être différents et n'avoir aucune limite avec eux-mêmes ? Cela n'a aucun sens d'enseigner une valeur par les mots sans l'incarner ; les enfants apprennent d'ailleurs en observant leur entourage, bien plus qu'en l'écoutant.

Nous avons toutes et tous des limites, sur tous les sujets. Nos histoires, nos métabolismes, notre santé mentale et tout notre entourage social impactent les frontières de nos possibles. Comme nous évoluons dans une société qui nous demande de toujours « nous dépasser », de « sortir de notre zone de confort », de résister et de souffrir, nous n'apprenons pas à accepter nos limites. Nous avons tendance à les ignorer... jusqu'à l'explosion. Ce mépris de nos limites impacte notre possibilité à les faire

respecter de manière efficace et sereine. Moins nous les acceptons, plus elles nous pourrissent la vie, puisque notre système ne peut pas supporter une infinité de contraintes. **Apprenons à nous écouter, à nous accepter et à nous faire respecter !**

Il existe un **mythe** selon lequel nous devrions **tout pouvoir faire seules avec le relais sporadique d'un seul parent**. Or, ce n'est pas possible. Même quand vous pensez qu'unetelle y parvient avec trois enfants alors que vous peinez avec un, ce n'est pas forcément vrai. Vous ne connaissez pas les détails de son organisation, du choix de ses batailles au quotidien, de l'état de sa famille, de son état psychologique, des relais qu'elle a ou non, des diverses ressources à sa disposition, etc. D'ailleurs, même si unetelle est susceptible d'avoir des frontières personnelles beaucoup plus vastes et souples, vous n'êtes pas coupable que cela ne soit pas votre cas. Vos enfants vous ont pour parent. Ce n'est ni pire ni mieux que quelqu'un d'autre : ce sont bien vos enfants, et eux aussi ont des limites différentes de celles d'autres enfants. **Accepter ses propres limites facilite grandement l'acceptation de celles des autres.**

La recherche même du perfectionnisme est **une quête vaine et destructrice** de la santé mentale. **Il n'y a pas qu'une bonne manière d'être parent**, puisque tous les parents sont des individus uniques avec leurs ressources et leurs vulnérabilités singulières. Une grande difficulté dans notre société est d'être des parents isolés, même en couple. Pour s'occuper d'un ou de plusieurs êtres extrêmement dépendants, deux personnes ne suffisent pas à soutenir l'équilibre pour tous les membres du foyer. Par conséquent, encore aujourd'hui, une enquête de l'INSEE démontre que les femmes sont les **variables d'ajustement du foyer** et qu'elles prennent en charge la majorité des préoccupations relatives aux enfants. De manière générale, les parents souffrent d'un **manque de soutien et de reconnaissance** dans leur engagement parental. Lorsqu'ils en font plus que la moyenne, ils sont jugés excessifs. Lorsqu'ils en font moins que la moyenne, ils sont perçus comme négligents. Leurs difficultés sont ignorées dans la plupart des cas, puisque les mettre en évidence reviendrait à remettre en question l'ordre social.

Et si, au lieu de tenter d'être le parent parfait qui répond à toutes les injonctions et leurs contraires, nous essayions d'être des parents **suffisamment bons** pour nos enfants ? Et si nous cherchions à garder en fil rouge un accompagnement respectueux de nos enfants et de leurs droits de citoyen(ne)s ? Et si nous avions assez d'**autocompassion** pour reconnaître nos vulnérabilités, les accepter et se faire aider si besoin ? Nous avons toutes et tous la volonté de bien faire, c'est le plus important.

S'ACCORDER EN TANT QUE COUPLE PARENTAL

Une difficulté peut émerger lorsque les deux parents ne parviennent plus à se rencontrer dans leur cheminement. Il arrive régulièrement qu'un des parents se rende compte qu'il ne veut pas reproduire en partie l'éducation reçue, alors que l'autre ne remet rien en question. La **divergence de perceptions de la parentalité** peut créer des **tensions** et des incompréhensions entre les partenaires. Avoir un ou plusieurs enfants amène forcément à questionner sa propre histoire ; les deux parents peuvent donc avoir des réactions différentes face à une même situation. En outre, chacun veut partager sa manière de percevoir le monde, ses valeurs personnelles et familiales ainsi que ses rituels. Lorsqu'il y a des divergences d'opinions, il peut être utile d'approfondir ce qui vous tient spécifiquement à cœur car, en parentalité, il est nécessaire de **prioriser** :

- **« Vais-je critiquer ses choix vestimentaires alors que ça ne gêne pas la motricité ni l'intégrité de l'enfant ? »**
- **« Dois-je accepter des visites si régulières de la belle-famille ? »**
- **« Puis-je prendre 30 minutes en rentrant du travail pour me détendre ? »**
- **« Faut-il choisir une école publique ou privée, voire alternative ? »**

Le rythme de vie fait souvent oublier que nous avons **besoin de temps** pour régler les conflits, un temps durant lequel les enfants ne viennent pas interrompre la discussion et où les partenaires sont pleinement disponibles. Lorsqu'il y a deux parents, des **compromis** et **beaucoup d'empathie** sont nécessaires afin de réussir à **s'accorder sur les valeurs parentales** transmises au quotidien. Il est impossible que les accrocs et les désaccords s'effacent sans laisser de précédents si nous n'y mettons pas de l'énergie. Cela implique que les deux partenaires veuillent investir du temps pour l'ajustement. Un seul membre d'équipage ne peut pas faire bouger un bateau immobilisé. La communication reste, banalement, la clef de ces accordages parfois fastidieux.

Chercher à **entrer en empathie** est la première étape pour se comprendre et combattre les jugements internes, les croyances et leurs peurs qui sclérosent la relation de couple. Je rappelle qu'entrer en empathie n'implique pas de chercher ou devoir trouver des solutions. Cela n'implique pas de changer son comportement de manière radicale. L'empathie a besoin d'être **mutuelle**. Chacun(e) a besoin d'être respecté(e). Le sacrifice n'a pas de sens, à aucun niveau.

CHOISIR EN SOLO, ENTRE LIBERTÉ ET RESPONSABILITÉS

Lorsque la parentalité est menée seule, il semble plus aisé de prendre certaines décisions. Bien sûr, il y a moins de compromis à discuter et il n'y a qu'une famille avec laquelle il faut composer ; cependant, faire le choix d'une parentalité solo présente aussi **quelques défis**.

Le premier est clairement de supporter les **stéréotypes**, maladroits comme discriminants, relatifs à ce choix de parentalité : « Quel courage, c'est presque de l'inconscience ! » ; « Tu n'as pas trouvé le prince charmant ? » ; « Ah, ce féminisme anti-homme ! Une société sans père ni mari, quelle horreur ! ». Comme pour tout ce qui sort de la norme, les critiques arrivent vite.

Ensuite, cette forme de parentalité ne fait pas exception à la **confrontation avec le réel** : le cheminement psychologique du devenir parent est similaire, quelle que soit la composition de la famille. À cela s'ajouteront des critiques quant à la capacité de camper à la fois les rôles de père et de mère et quant à la probable incapacité à prendre des décisions sensées, puisque le parent est seul au gouvernail. Une mère drainera particulièrement les critiques d'être, à la fois, tout et son contraire, sans que cela ne convienne jamais... Ainsi, les parents solos portent la **responsabilité de se faire entièrement confiance.**

Dans les meilleures situations, l'entourage social est de confiance et le parent solo peut interagir librement. La parentalité peut mettre à mal la confiance en soi, c'est pourquoi avoir des **interlocuteur(ice)s ouvert(e)s et réconfortant(e)s** est un vrai bénéfice au quotidien, même en étant sûr(e) de ses choix. La solitude dans la parentalité n'est pas une fatalité : certes, la responsabilité finale incombe à une seule personne, mais celle-ci pourra toujours être entourée. Quant aux enfants, ils profitent des familles extraordinaires et de leurs prises de position étayées.

INCARNER LE CHANGEMENT QU'ON VEUT VOIR DANS LE MONDE ?

Dans quel monde avons-nous envie d'évoluer ?

En fonction du temps, nous avons toutes et tous des idées sur les manières dont nous pourrions vivre pour vivre sereinement, respecter la planète, les enfants, les animaux et nous-mêmes. Nous avons une tonne d'**idéaux**. Moi, par exemple, j'aurais aimé vivre dans un habitat léger, vivre en travaillant peu pour avoir le temps d'entretenir un potager, vivre dans un écolieu, avoir des toilettes sèches, me passer des supermarchés, pratiquer l'instruction en famille, mettre des pulls et supporter le froid même chez moi, ne plus rien consommer qui n'a pas une éthique irréprochable, travailler gratuitement pour des associations, etc. Je ne suis pas la seule à pouvoir déballer des dizaines d'envies qui ne sont pas irréalistes, mais qui engendrent de **grands changements de vie**. Parfois, nous pouvons assurer cette transformation, mais celle-ci ne correspondra jamais à un idéal.

Nous avons des limites, des peurs, des sensations qui nous empêchent de répondre aux exigences que nous avions. Alors, nous devons **revoir à la baisse nos attentes**, avec un deuil à effectuer. Il n'est pas confortable de se rendre compte que la parentalité peut amoindrir nos capacités d'adaptation. Ces dernières sont déjà beaucoup mobilisées pour faire face à la vie avec des enfants, alors cela peut contraindre le reste. Qui plus est, les enfants grandissant, iels développent **leurs propres idéaux**, qui ne sont pas forcément connectés aux nôtres.

Et si incarner le changement commençait par avoir de l'**indulgence** et de l'**autocompassion** ? Nous ne pourrons jamais incarner toutes nos exigences puisqu'elles dépassent bien souvent nos ressources. Un élément primordial est de visualiser régulièrement une **balance « ressources/contraintes »**. Nous ne pouvons pas préserver nos santés mentales si la balance penche trop souvent du côté des contraintes. L'équilibre à rétablir est bien celui-ci.

LES ATTENTES PARENTALES : UN TABOU TOUT FRAIS

De prime abord, la plupart des parents diront qu'ils n'ont pas d'attente envers leurs enfants. Pourtant, nous avons toutes et tous des **projections mentales** de ce qu'ils pourraient devenir. Nous leur souhaitons un développement habituel, des acquisitions aisées, une sociabilité évidente, des potentiels multiples qui attendent d'être choisis, etc. Mais les enfants grandissent avec leurs bagages. Nous avons un rôle dans le développement de leur personnalité, mais nous avons aussi à faire avec leurs **spécificités**.

Certain(e)s seront plus à l'aise avec la motricité fine, d'autres seront passionné(e)s de lecture, un certain nombre ne développeront pas « la passion familiale » du bateau, des chevaux ou encore du tricot. En vieillissant, les **attentes sociales** augmenteront : l'enfant sait-il investir sa vie seul ? Aura-t-iel un emploi assez rémunérateur ? Comment faire si iel choisit un job passion aux revenus instables ? Et si les grandes études, pourtant glorifiées dans la famille, laissent place à un apprentissage, à une filière technique ou artistique ? Qu'est-ce que nos attentes et nos déceptions disent de nous ?

Les enfants vont faire des **choix et des expériences qui vont nous déplaire**.

Après des expériences de la prime enfance aux conséquences anodines ou justes matérielles, on peut se confronter à des **situations effrayantes** : décrochage scolaire, orientation professionnelle instable, fréquentations douteuses, consommations à risque, mensonges et autres risques de la vie. Dans tous les cas, il faut se rappeler que les enfants, à tous les âges, font du mieux qu'ils peuvent. Iels ne veulent jamais décevoir et d'ailleurs, iels créent des **stratégies** pour éviter de générer des émotions désagréables. Certaines situations demandent des prises en charge, parfois multidisciplinaires, et rapidement. Le risque peut être de croire qu'en tant que parent, nous n'avons plus de prise et que nous ne pouvons plus les aider, même quand iels ont l'air **en détresse**.

Ce n'est pas parce qu'un enfant ne répond pas aux attentes parentales que le lien avec lui doit céder. Au contraire, plus un(e) enfant tire sur ces liens parentaux, plus nous avons le devoir de rester cramponné(e)s à lui/elle afin de démontrer qu'iel reste important, qui qu'iel soit. Cela ne veut pas dire qu'il n'y aura pas de déception. Cela veut dire qu'elle nous appartient et que nous pouvons nous faire aider si cela nous détruit. En tant que parents, nous sommes une des influences pour les enfants, mais nous ne sommes pas omnipotents. Nous ne pouvons pas contrôler leur vie, mais nous pouvons apprendre à rester **accueillant(e)s** et **aimant(e)s**, quoi qu'il arrive.

LES RÈGLES DE VIE COMMUNES À DÉTERMINER

Je suis certaine qu'avant la conception de vos enfants, vous étiez sûr(e) qu'iels ne feraient jamais ci ou ça. Par exemple, regarder un écran pour rester calme, crier dans un magasin, manger de la nourriture industrielle, dormir avec vous, allaiter plus d'un an, sauter sur le canapé, transformer le salon en salle de jeu, etc.

Avant d'avoir des enfants, nous avons toutes et tous des **principes**. Certains sont en lien avec des valeurs et ils seront respectés. D'autres vont **se confronter à la réalité d'être parent au XXIe siècle** dans une société qui n'intègre pas les enfants. Certaines idées préconçues s'envolent, tôt ou tard, afin de rendre accessible l'organisation quotidienne. Les enfants ne sont pas de petits êtres contrôlables. Nous avons l'objectif de faire de notre mieux pour qu'iels apprennent et se développent à LEUR plein potentiel, qui est singulier. Dès lors, il n'est pas pertinent de comparer deux enfants entre eux, même si nous le faisons spontanément.

Nous avons besoin de mettre en exergue les **règles de vie claires** qui sont absolument nécessaires et auxquelles nous ne dérogerons jamais. Tout ce qui est relatif à la **santé** et à la **sécurité** ne fait pas exception, au contraire. Pour tout ce qui est indispensable au quotidien, je recommande de **créer des rituels** qui intègrent ces règles, devenant progressivement des automatismes. Pour les autres règles de vie, elles sont souvent plus aléatoires et dépendent des personnes qui entourent les enfants.

Une personne sera à l'aise que son enfant mette du désordre dans la cuisine à 18 heures tandis qu'une autre sera tendue à l'idée que ça arrive. Certains parents autorisent les jeux de bagarres et les acrobaties sur le canapé, d'autres les refusent de manière stricte.

Dans notre vision des enfants en France, nous avons tendance à penser qu'ils provoquent ou engendrent des conflits uniquement pour nous faire sortir de nos gonds. Nous oublions régulièrement que les passages à l'acte dits/perçus comme transgressifs sont un **moyen de communiquer leur mal-être**.

Les règles de vie évoluent également au cours du temps. Les règles et les demandes sont différentes à 3 ans ou à 12 ans. Il convient de les réétablir en famille régulièrement. J'invite les familles à créer un **rendez-vous**, mensuel ou bimensuel, voire toutes les semaines, si vous en avez besoin/envie, avec tous les membre de votre famille, pour en discuter ensemble. Ces **temps d'échanges en famille**, comme les nomme Jane Nelsen[1], permettent de communiquer sur l'organisation de la famille, les ressentis par rapport aux relations et par rapport aux règles de vie. La prise de recul régulière permet de mettre de la perspective quant aux difficultés rencontrées en famille. Une option peut être de créer une **charte en commun** contenant les points indispensables pour le bon fonctionnement de la vie familiale. L'objectif est d'atteindre le **consensus de tous les membres** sur les points contenus dans la charte. Il est important de répondre aux besoins de chacun(e), **en n'oubliant personne !**

[1] Autrice de *La discipline positive*, aux éditions Marabout, 2014.

VIVRE DES CONTRAINTES

Nous voudrions **toujours faire plus**. Nous aimerions avoir plus de ressources financières, plus de disponibilité, plus de gaîté, moins de fatigue, moins de contraintes triviales… Or, nous avons des conditions de vie. Nous les vivons souvent comme des **freins** qui nous empêchent de profiter de tout ce qui pourrait rendre nos vies plus belles. Nous sommes issu(e)s d'un certain milieu social, nous avons un certain niveau d'études, nous vivons dans un endroit précis, nous avons accès ou non à des soins médicaux et paramédicaux, nous avons une famille proche, très distante, voire inexistante. Nous avons tendance à essayer de compenser cette culpabilité qui émerge à travers des pensées comme « Ce que je fais n'est pas suffisant ! » ; « Iel veut pratiquer cette activité, mais je n'ai pas les moyens, je lui gâche son potentiel ! », etc.

Pourtant, **ressentir et prendre en compte ses limites** permet de rester dans un niveau d'investissement qui ne va pas engendrer un épuisement. Si nous pouvons organiser trois activités extrascolaires (et encore !) pour un(e) enfant unique, cela sera sûrement impossible avec 3 ou 4 enfants. Dans une perspective capitaliste, nous pourrions croire qu'avoir une adelphie empêche des opportunités. Pourtant, avoir des sœurs et frères offre **une autre expérience de vie**. Pas mieux, ni moins bien, juste une expérience différente de la vie. Le plus compliqué pour les parents du XXIe siècle est de se délester de la culpabilité qui s'immisce dès qu'un choix n'est peut-être pas parfait.

Rassurons-nous : **il n'y a JAMAIS de situations idéales.** Les contraintes et les inconvénients font partie de la réalité. Par exemple, les enfants de parents fortunés peuvent cumuler les activités extrascolaires et les vacances de rêve. Ces apparats ne disent pourtant rien du lien que ces enfants ont avec leurs parents. Les enfants peuvent bénéficier de fantastiques conditions de vie tout en souffrant d'un manque de présence parentale, voire d'une négligence émotionnelle. Toutes les conditions de vie doivent être observées à travers plusieurs prismes afin d'être appréhendées plus précisément.

Notre estime de nous peut se déliter si nous ne correspondons pas aux **attentes sociales ostentatoires**. Mais qui prête attention à notre santé mentale ? Qui s'intéresse à notre sentiment d'épanouissement ? Qui se questionne sur notre capacité à entrer en empathie avec nos enfants ? Qui s'inquiète de notre capacité à répondre à nos besoins ?

Ainsi, nous avons besoin pour nous-même et nos enfants de **percevoir et prendre en compte nos limites personnelles**. Cela apprendra aux enfants à prêter attention aux leurs et à les considérer légitimes. Je vois encore trop de femmes qui estiment que leur fatigue, leur lassitude ou leurs envies sont superflues et qu'elles vivraient mieux sans elles. Pourtant, toutes ces émotions et sentiments sont des **alertes indispensables** pour rester ajusté(e) à soi-même. Nos ressources fluctuent tout au long de la vie, et c'est normal. Les bouleversements de la vie engendrent une diminution des ressources pour une période transitoire.

Certaines situations engendrent des **changements profonds** de l'organisation de la vie et de ce qui était projeté. Environ **15 000 enfants naissent en étant porteurs de handicap chaque année**, dont la moitié avec des handicaps sévères. Le handicap concerne donc **2 % des naissances**. D'autres handicaps à la prise d'autonomie sont détectés plus tard, comme les troubles du spectre de l'autisme, qui concernent au moins 1 % de la population. Accompagner un enfant porteur de handicap est une **contrainte imprévue**. Cela demande souvent beaucoup de disponibilité, une perte des revenus du foyer et des ajustements par rapport à la vie imaginée avec son enfant.

Une autre situation est celle du **handicap d'un des parents**. 85 % des handicaps reconnus se déclarent après 15 ans. Lorsqu'un parent est handicapé(e), iel doit faire face à ses propres limites physiques et psychologiques, ce qui peut induire de la frustration par rapport aux capacités des personnes valides. Qui plus est, les parents porteurs de handicap font face à du **validisme**[1] et à une remise en question de leurs compétences parentales.

Enfin, une ultime contrainte, transversale à toutes les situations : la **précarité**. **14,6 % des personnes en France vivent sous le seuil de pauvreté**. Il est d'ailleurs anormal de savoir autant d'enfants démunis sans que l'État ne s'en préoccupe concrètement. Certaines situations sont absurdes, laissant des parents incapables de nourrir, habiller, soigner leurs enfants correctement. Encore une fois, ce sont eux qui en portent l'unique responsabilité.

[1] Discrimination envers les personnes porteuses de handicap.

Pourtant, notre société n'est pas organisée de manière à permettre aisément un **ascenseur social** ni les **transfuges de classe**. C'est ce qu'on appelle le **déterminisme social**. À l'heure actuelle, en France, il faudrait **environ six générations** pour que les descendants d'une famille à très faible revenu parviennent au revenu moyen des Français. Seuls 17 % des enfants dont les parents ont des faibles revenus sont en mesure de mener à terme des études supérieures, alors que cela concerne 60 % des enfants dont les parents ont elleux-mêmes étudié dans le supérieur. En ne soutenant pas concrètement et profondément les enfants grandissant dans la pauvreté, ceux-ci resteront majoritairement **bloqués** dans ces conditions de vie précaires.

Il est impossible de faire l'impasse sur les questions de **racisme** car, aujourd'hui encore, les enfants racisés sont confrontés à de la **discrimination** tout au long de leur vie. Certaines études[1] démontrent que la pauvreté persiste sur plusieurs générations dans les groupes racisés, bien que la différence avec la population blanche tende à se réduire aux 3e et 4e générations. Cela démontre incontestablement que **le racisme impacte l'avenir des enfants**. Réduire à néant les discriminations subies par les personnes racisées est **un devoir sociétal et politique**. La permissivité actuelle autorise tacitement l'expression du racisme dans toutes les strates de la société.

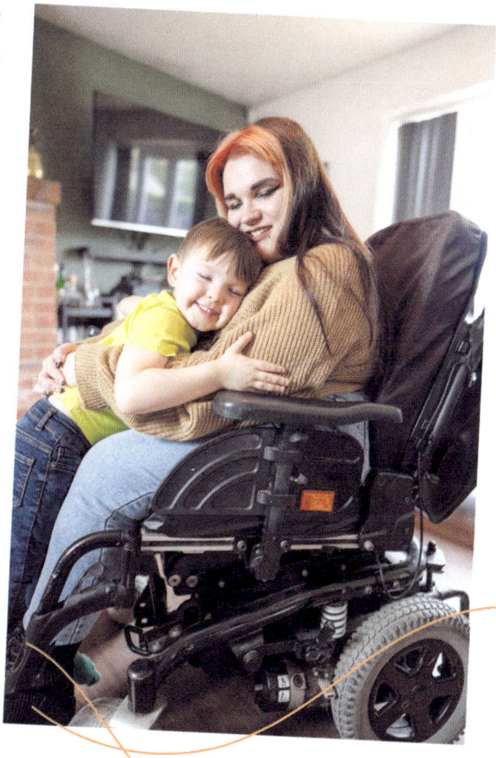

[1] https://www150.statcan.gc.ca/n1/pub/36-28-0001/2023008/article/00002-fra.htm

6

Se reconnecter à son corps

LES EFFETS DE LA GROSSESSE SUR LE CORPS ET L'ESPRIT

La parentalité bouleverse le rapport au corps. La vie se crée au sein des entrailles des parents et **transforme le fonctionnement physiologique** du parent qui porte la grossesse : le volume sanguin augmente, le rythme cardiaque s'accroît ; diverses manifestations font leur apparition comme des nausées, des douleurs ligamentaires, la peau sèche, un risque de constipation accru, des varices, etc. Tout ça, c'est dans le meilleur des cas. D'autres grossesses s'accompagnent de maladies métaboliques graves : l'hyperémèse gravidique, le diabète gestationnel, la cholestase gravidique, la prééclampsie et autres situations plus rares mais existantes.

Bien sûr, la grossesse n'est pas une maladie en tant que telle, et beaucoup de personnes traversent cet état globalement bien. Pourtant, il est extrêmement **méprisant** d'imposer socialement et psychiquement que la grossesse n'est qu'un état de plénitude dont les maux sont superficiels. Cela conduit les personnes enceintes à **banaliser leurs maux** et à **retarder leur prise en charge**. Certains maux de grossesse sont **profondément invalidants** et il ne s'agit pas que d'une sensibilité personnelle. L'hyperémèse gravidique ainsi que la prééclampsie peuvent conduire à la **mort**, faute de prise en charge. D'autres maladies augmentent le risque de la **mort du fœtus** *in utero*.

En France, à notre époque, une femme meurt tous les quatre jours d'une cause liée à la grossesse, à l'accouchement ou aux suites de couche. Selon Santé Publique France « *56 % de ces décès sont considérés comme "évitables" ou "peut-être évitables", et dans 59 % des cas, les soins dispensés n'ont pas été optimaux, ce qui témoigne d'une marge d'amélioration* ». Cela correspond à **10 décès maternels pour 100 000 naissances vivantes**.

J'aborde ce sujet parce qu'il est nécessaire de prendre en compte ce que traverse le psychisme parental durant une grossesse. **Le rapport au corps est indissociable de ce qui mobilise le psychisme.** Ainsi, très tôt, la grossesse rime avec risque de mort. D'abord pour l'embryon, puis le fœtus, car **entre 10 et 15 % des gestations s'achèvent par un arrêt naturel de la grossesse**, la malnommée « fausse couche ». Puis, pour soi-même, en tant que femme ou parent gestateur, en partant du risque de grossesse extra-utérine (2 % des grossesses) jusqu'à toutes les autres pathologies susmentionnées. Ce câblage au risque vital demeure durant la majorité de la grossesse, puis dans l'amorce de l'accouchement et, ensuite, dans la relation à l'enfant. Il est très fréquent que les jeunes parents aient très peur de mourir. Cela peut s'accompagner de **phobies d'impulsion** dans lesquelles les pensées parasites mettent en scène majoritairement un risque vital pour l'enfant ou sa grande souffrance. Je précise que les phobies d'impulsion ne sont pas suivies de passage à l'acte; même si les parents peuvent être tétanisés par la violence de celles-ci.

Parfois, les angoisses de la mort deviennent handicapantes au quotidien, et ce dès la grossesse. Il convient évidemment de prendre en charge autant les symptômes psychiques que physiques. Il est possible d'apporter aux parents un apaisement relatif par rapport à leurs peurs. Cela leur permettra d'aborder leur parentalité avec moins d'angoisses.

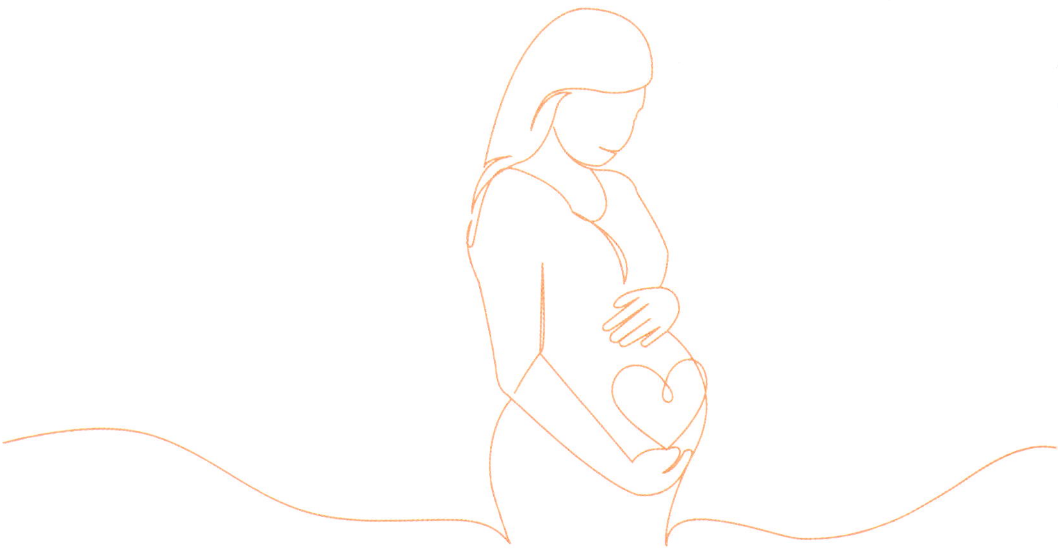

L'ACCOUCHEMENT, FRAGMENTATION DU CORPS ET DE L'ESPRIT

Cette étape qu'est l'enfantement s'accompagne d'appréhensions dans la plupart des cas. Les souvenirs relatifs aux accouchements demeurent vifs puisqu'ils sont intenses, même s'ils ne sont pas traumatiques. Mettre au monde un enfant est un évènement transcendant.

La façon dont un enfantement se produit impacte la **santé physique et mentale** ainsi que le rétablissement de la personne. Lorsqu'un accouchement est traumatique, les suites de couche sont moins évidentes, puisque le psychisme reste figé dans une situation de peur intense. Nous revenons là encore dans la peur de la mort. Des douleurs surviennent à la suite d'un accouchement : cela peut aller d'un inconfort jusqu'à une douleur franche. Tout dépend des efforts que le corps doit faire pour se réparer.

Nous ne vivons pas que de légères éraillures, comme une déchirure du périnée ou encore une épisiotomie. La césarienne, quant à elle, impose une tension corporelle spécifique. Toutes ces douleurs sont susceptibles d'être modérées par l'administration d'antalgiques, mais nous les expérimentons jusqu'à l'effet de ceux-ci. Certain(e)s se remettent d'une hémorragie de la délivrance en étant accablé(e)s de fatigue.

Indubitablement, ce qu'a vécu le corps peut rendre plus ou moins compliqué le démarrage de la parentalité. Bien heureusement, cela ne conditionne pas tout le reste. J'insiste néanmoins sur la nécessité de **traiter les traumatismes** liés à l'accouchement afin de réduire le risque de dépression post-partum et de faciliter le lien au nouveau-né. Cela vaut aussi pour le parent qui n'a pas porté.

Certaines personnes dont la grossesse est exempte de pathologies envisagent un **enfantement à domicile** ou en plateau technique. La difficulté est que l'accouchement est considéré majoritairement selon l'angle de ses risques pathologiques et de la réduction de ceux-ci. C'est louable, dans la mesure où les accouchements qui se déroulent sans accroc demeurent soutenus. Cela implique notamment l'adaptation des pratiques pour permettre aux personnes d'enfanter en respectant les conditions d'une **naissance physiologique**. Avec tous les contrôles réalisés durant la période anténatale et la rigueur médicale des sages-femmes libérales qui pratiquent les accouchements dits physiologiques, il n'y a **pas plus de risque d'accoucher à domicile qu'à l'hôpital**. En effet, les parturient(e)s[1]

[1] Personnes en train d'accoucher.

sont transféré(e)s au moindre doute durant l'enfantement, permettant ainsi de réduire les risques. Qui plus est, dans le cadre d'une grossesse sans facteur de risque et, si c'est la volonté de la personne gestante, l'accouchement à domicile ou en maison de naissance **réduit le risque d'intervention instrumentale**.

Un enfantement déclenche forcément une **perception différente de soi**. Certaines personnes vont se sentir parfaitement épanouies et puissantes après cet acte transcendant, tandis que d'autres vont être confrontées au fait que « la nature n'est pas si bien faite ». Elles vont alors devoir construire leur histoire de maternité avec le sentiment d'échec. Ce dernier est la cause de bien des maux psychiques. Pour rappel, les naissances traumatiques représentent **3 à 4 % des naissances**.

Faire la paix avec soi-même et son rôle de mère peut aussi commencer par **traiter un trauma d'accouchement**. Il peut aussi être intéressant d'analyser la relation à sa propre naissance ou sa vie aux stades les plus précoces du développement afin de rendre plus doux le vécu face à un enfant complètement dépendant. La relation apaisée aux enfants ne peut s'effectuer que dans **notre propre sérénité**.

Or, un vécu traumatique va activer notre fonctionnement interne et le rendre hypersensible aux situations. Nous pouvons être effrayé(e)s face au tout-petit, dans une responsabilité absolue. Le corps traumatisé est **vidé des ressources habituelles** pour gérer ces aléas. La parentalité a cette particularité déroutante de réveiller de nombreux traumas enfouis.

LES SUITES DE COUCHE

Le corps après une grossesse est différent du corps d'avant. Certaines personnes reprennent une morphologie similaire, mais des différences existent au niveau métabolique et physiologique. Nos squelettes sont marqués par les enfantements.

Pourtant, notre société occidentale contemporaine cherche à nous faire croire que nous devons redevenir exactement comme avant, sinon c'est un échec. La *diet-culture*[1] nous incite à la restriction et au contrôle alimentaire pour avoir l'apparence de quelqu'un qui n'a pas porté d'enfant. Il y a également aujourd'hui une **culture du fitness** qui nous impose un idéal par le sport. Évidemment, avoir une activité physique (non du sport intense) et une alimentation équilibrée (non une alimentation restreinte) sont des facteurs de bonne santé, autant physique que mentale. Il est prioritaire de laisser aux femmes le **temps de la dégestation**[2] et de l'équilibre personnel.

Avant toute reprise sportive, il convient de **se reposer durant 6 semaines** et de permettre à son corps de cicatriser. Césarienne ou non, les saignements post-partum, aussi appelés **lochies**, ne sont pas des signaux aléatoires : ils témoignent d'un processus de **cicatrisation utérine** en cours. L'excès d'activités retarde le rétablissement. Certains **exercices doux de remise en forme** des abdominaux et du périnée peuvent être mis en place sous la supervision de personnes dûment formées.

Ensuite, il convient de se prêter à une **rééducation du périnée et des abdominaux.** Cette rééducation vise à maintenir la santé du plancher pelvien et la tonification des abdominaux, notamment pour éviter les descentes d'organes ainsi que l'incontinence urinaire.

Bien sûr, un corps qui a changé et qui change encore durant la première année post-partum est déroutant. Je rappelle, encore et toujours, que ce qui a lieu à l'instant présent est temporaire. **Tout est amené à évoluer.** Lorsque nous nous sentons mal, dans notre peau, dans notre tête, ce n'est pas un état définitif. Nous allons changer. Il convient de ne pas perdre patience envers soi-même et de développer cette capacité indispensable

---

[1] Culture du régime.

[2] « La dégestation est l'ensemble des processus et réajustements qui se mettent en place après la naissance, après les nombreuses modifications et adaptations qu'a exigées la gestation… Ce cheminement vers l'état à nouveau non gravide n'est pas un retour au corps d'avant et possède son rythme propre ». Cette définition a été établie par Bayot Ingrid dans « Le corps féminin et la dégestation », *Périnatalité*, 2023/2 (Vol. 15), p. 110-112. DOI : 10.3166/rmp-2022-0190. URL : https://www.cairn.info/revue-perinatalite-2023-2-page-110.htm

dans la parentalité : **l'autocompassion** ! Nous faisons toujours de notre mieux. Parfois, c'est idéal, et certains jours, cela sera à peine passable. C'est le reflet d'une existence authentique, éloignée d'un standard idéaliste de l'optimisation constante des performances. Nous ne pouvons pas être dans un état d'exigence perpétuelle envers nous-mêmes. C'est insensé, tant au niveau moral qu'au niveau physique.

Tout cela s'enracine dans une **société patriarcale et capitaliste** qui espère que les femmes demeurent rentables tout en enfantant l'avenir de l'humanité. Plus les idéaux sont élevés, moins nous aurons tendance à respecter nos limites qui sont, évidemment, bien en deçà du seuil estimé raisonnable dans l'imaginaire collectif. Aujourd'hui, nous luttons amèrement **contre le concept selon lequel la majorité a raison**. Non seulement parce que la majorité ne donne à voir qu'une partie très contrôlée de la vie et de ses ressentis, mais aussi parce que notre système social impose des **normes déconnectées d'une réalité subjective**. Le sentiment d'être seul(e) au monde dans une situation est révélateur. Tout le monde le pense mais demeure muet, par honte de ne pas correspondre aux **attentes sociales**.

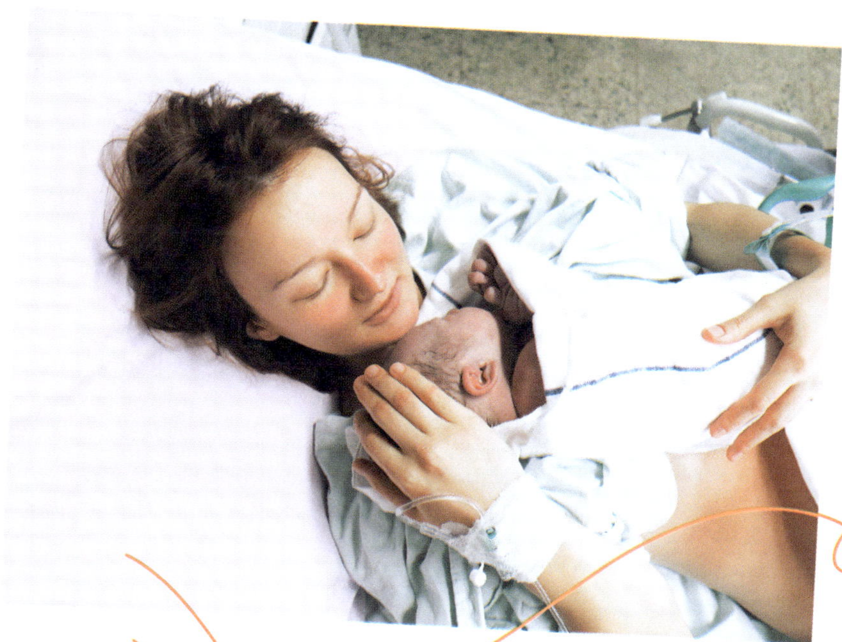

LES CROYANCES LIMITANTES

Ne vous arrive-t-il pas de croire que vous n'avez pas une bonne mémoire, que vous manquez d'adresse, de souplesse ou de compétence sportive ? Avez-vous entendu des qualificatifs disant que vous aviez un talent pour une chose, mais pas pour d'autres ? Avez-vous enraciné les croyances que les autres ont ou avaient sur vous ? C'est assez effrayant, mais il est probable que la manière dont vous ont perçu(e) vos proches/vos professeurs... ait impacté **la façon dont vous vous êtes construit(e)**.

Les **croyances limitantes** sont les projections que nous avons de nous-mêmes, qui ont été créées par les **influences extérieures**. Elles se manifestent quand, par exemple, nous avons du mal à nous investir dans une activité, pensant que nous n'en sommes pas capables. Nous pouvons nous croire dénué(e)s de force ou de capacité à progresser. Cela coupe inexorablement la **possibilité de s'investir**.

Les êtres humains sont mus par de nombreux **biais cognitifs**, dont le **biais de confirmation**. Nous allons vers ce qui confirme nos croyances. Si nous nous pensons incapables en sport, nous allons pointer la moindre de nos difficultés. À l'inverse, si nous avons grandi avec la croyance d'être capables, nous percevrons ces difficultés comme des défis. D'un côté, ça démotive. De l'autre, ça pousse à persévérer.

Cela vaut pour tous les aspects de la vie. Les personnes sexisées sont perçues comme ayant des facilités à prendre soin des autres et donc également des enfants. Les hommes, quant à eux, entendent qu'ils doivent être virils et dominants. Ainsi, dès le départ, la majorité des femmes n'appréhendera pas de devoir prendre soin d'autrui alors que bien des hommes se sentiront incompétents **avant même d'avoir essayé**. Les stéréotypes de genre et, plus globalement, la qualification des enfants dès le plus jeune âge, induit des **comportements susceptibles de durer toute la vie**. Il est conseillé aux parents de questionner cette propension que nous avons à qualifier nos enfants, afin de ne pas les **enfermer dans une case/cage.**

J'entends beaucoup parler du corps avec des faiblesses comme étant un **traître**. Lorsqu'il prend ou perd du poids, lorsqu'il ne réagit pas comme nous le souhaitons, il génère un sentiment de trahison. Émerge fréquemment la volonté de **contrôler** celui qui fait défaut, de le corriger, voire de le punir. Nous traitons le corps avec autant de mépris que la manière dont nous avons été traité(e)s lorsque nous ne répondions pas aux attentes de notre entourage. C'est de cette façon que nous pouvons prendre conscience que **l'autocompassion ne nous a pas été transmise**.

Sauf problèmes de santé ou handicaps, nous avons tendance à considérer notre vaisseau corporel comme une **machine** qui doit faire son œuvre sans accroc. La parentalité mobilise énormément nos ressources corporelles : la fatigue, en premier lieu, mais aussi tous les actes liés au soin des enfants. Dans une civilisation sédentaire, les enfants nous remettent en mouvement.

Mais prendre soin d'eux impose de prendre soin de soi. Nous devons équilibrer la balance entre contraintes et ressources à tous les niveaux. L'investissement corporel du bien-être se réveille au contact des enfants, dont les émotions s'expriment par le corps. Le mouvement permet la **décharge émotionnelle**. Nous avons tendance à croire que les adultes doivent constamment intérioriser ou sublimer leurs émotions. Pourtant, notre système nerveux fonctionne de la même manière que celui d'un enfant ; nous avons juste normalement acquis plus de facultés d'**auto-régulation**.

Lorsque les enfants sont invités à un jeu physique ou une activité en extérieur afin de diminuer la pression, les adultes sont capables de choisir eux-mêmes de sortir ou de se dépenser physiquement. Seulement, dans notre société sédentaire, nous avons tendance à **fuir nos émotions** plutôt que de les « surfer » pour qu'elles nous traversent. Alors, nous nous saisissons beaucoup de supports, comme les écrans ou des consommations diverses et variées, pour **s'évader** (se couper de la réalité actuelle), le temps que la vague passe. Nous nous distrayons cognitivement, mais la tension corporelle demeure et s'accumule.

Une croyance limitante à vaincre est celle selon laquelle nous devrions « gérer nos émotions » en les ignorant, les méprisant ou les masquant. Nous **régulons** nos émotions. Celles-ci passent nécessairement par le corps, puisque nous les vivons avec celui-ci. À nous d'en faire un **allié**, s'il ne l'était pas. Les émotions sont des **alertes** à écouter. Elles ne sont pas dangereuses, au même titre que les émotions de nos enfants ne le sont pas, même si elles sont exprimées de manière tonitruante.

Et si nous étions aussi empathiques avec notre corps que nous avions envie de l'être avec le corps de nos enfants ? Être un(e) adulte n'implique pas d'être intransigeant(e) envers nous-même. Nous sommes en chemin tout au long de notre vie.

J'invite, dès à présent, à **observer ce qu'il se passe en soi**, dans son rapport au corps, mais aussi lors des échecs :

- **Quelles sont les pensées qui s'animent ?**
- **Quelle image ai-je de moi ?**
- **Quelles sont mes compétences, selon moi ?**
- **Quelles sont mes difficultés ?**
- **Est-ce que j'ai tendance à demander de l'aide ou à la refuser ?**
- **Quelles sont les situations où je me sens compétent(e)s ?**
- **Quelles sont les circonstances que j'évite ?**
- **Suis-je quelqu'un de persévérant(e) ?**

Essayons de circonscrire clairement ce qui nous a été imposé et ce qui nous a figé, bien malgré nous. Nous pourrons ensuite remettre du mouvement et des possibilités de progression dans nos vies.

Par quoi voudrez-vous commencer ?

Quel sera votre premier défi envers vous-même ?

Soyons insoumis(e)s face aux croyances limitantes !

LE SPORT ET LES ACTIVITÉS PHYSIQUES

Durant longtemps, j'ai cru que je n'étais pas une personne sportive. Oui, j'avais bien une activité régulière, une « prédisposition » à la course avec ma stature et je me réfugiais dans l'exercice physique, mais j'étais craintive et maladroite, me disait-on. Alors, je me suis cantonnée à une activité que j'accomplissais, depuis toujours, avec facilité, et je percevais les difficultés dans les autres sports comme une preuve de mon incompétence.

Avec ma première psychothérapie, j'ai compris que tout ça n'était que des **croyances limitantes**. J'ai ensuite rencontré des coachs sportifs qui m'ont montré la progression de personnes « comme moi » **après plusieurs années d'expérience**. De plus en plus, les contenus de kinésithérapeutes, d'ostéopathes et de coachs sportifs démontrent que prendre de l'âge ne rime pas forcément avec une perte de capacité physique drastique. Je précise parce que, lorsque nous avons des enfants vers 30 ans, que les nuits sont chahutées pendant plusieurs années, nous nous levons parfois avec l'impression qu'un bus nous a roulé dessus.

En tant que personnes sexisées, sauf à haut niveau, il semble normal que nous arrêtions nos activités physiques quand nous devenons parents. Disons-le : les mères devraient se satisfaire de leur rôle et, si elles ont la velléité d'avoir une activité physique, c'est qu'elles sont égoïstes et/ou qu'elles n'en font pas assez pour leur famille. Nous voilà coincées dans le cercle vicieux de la **fatigue mentale** qui induit de la fatigue physique.

Elles manquent aussi de temps, puisque bien peu de personnes considèrent que la pratique d'une activité physique est un motif légitime pour bénéficier d'un relais fiable, même le second parent, dans trop de familles. Cela répond au modèle des familles selon lequel les femmes trouvent leur épanouissement **dans les activités d'intérieur**.

Je rappelle qu'avant le Néolithique, soit 10 000 avant J.-C., nous étions **nomades**. Soit toujours en mouvement, et tout le monde apportait son activité aux bénéfices de la communauté. Les rôles étaient **beaucoup moins genrés** que veulent bien le faire croire les croyances ancrées depuis ces derniers siècles. Au demeurant, les femmes et les mères n'ont jamais été que des personnes actives en intérieur. Les divers travaux nécessaires étaient menés de front avec les activités domestiques. Lors des guerres, les femmes ont pris le relais des hommes partis sur les champs de bataille. Cela démontre bien que le genre ne fait pas les capacités, et encore moins le besoin de se dépenser ou non physiquement.

Au contraire, le métabolisme des êtres humains est **endurant**. Nous sommes conçu(e)s pour supporter l'effort physique long. En somme, nos corps ont besoin de bouger. C'est d'autant plus le cas que nous nous surstimulons cognitivement. Plus nous accumulons des contraintes, plus nous avons **besoin de décharger**.

Notre santé physique bénéficie de cette **pratique régulière** et cela impacte favorablement notre santé mentale. « *L'activité physique peut être considérée comme une aide thérapeutique intéressante aux approches psychothérapeutiques et pharmacologiques de la dépression et de l'anxiété* », selon les auteurs d'une étude[1] qui s'appuie sur les conclusions de nombreuses autres. À l'heure actuelle, nous savons que la mise en mouvement avec une certaine intensité aide concrètement à maintenir ou retrouver un équilibre. Elle est ainsi une priorité, d'autant plus que la santé mentale est affectée. Ainsi, dans la parentalité, qui a tendance à bousculer tout l'équilibre de vie et amoindrir la santé mentale, **conserver ou mettre en place une activité physique régulière** a d'autant plus d'intérêt.

Cela peut être tout et n'importe quoi, en fonction de l'accessibilité des activités et de l'état de santé. La **marche** peut être une option *kid-friendly*[2] grâce à un porte-bébé ou une poussette, mais ça peut aussi être des **séances d'entraînement** guidées à la maison, du **roller**, du **yoga**, de la **corde à sauter** ou… tous les sports qui n'ont jamais été tentés, mais qui font envie.

Reprendre une activité physique est un moyen de **prendre un temps pour soi**, en présence des enfants ou en trouvant un relais si c'est nécessaire. Nous méritons toutes et tous de bénéficier d'un temps où **notre bien-être est une priorité**. Ce n'est pas égoïste ni irresponsable, au contraire. En prenant ce temps pour nous, nous montrons aux enfants et à nos proches combien il est utile de s'occuper de soi. Les partenaires de vie et co-parents ont besoin de **participer à l'équilibre familial** en soutenant ces temps réguliers consacrés à soi-même.

Vous pouvez faire de vous une priorité, même si cela semble difficile dans l'organisation actuelle de votre famille. Cette organisation qui oublie votre santé mentale n'est pas une solution pérenne. Vous avez le droit d'exiger du changement. Vous avez autant besoin que tout le monde qu'on se **préoccupe de vous**.

---

[1] Margarida Gaspar De Matos, Luis Calmeiro, David Da Fonseca, "Effet de l'activité physique sur l'anxiété et la dépression", *La Presse Médicale*, Volume 38, Issue 5, 2009, Pages 734-739, ISSN 0755-4982, https://doi.org/10.1016/j.lpm.2008.08.015.

[2] Accueillant, adapté pour les enfants.

LES RELATIONS DE COUPLE

Dans bon nombre de situations décrites précédemment, il apparaît qu'il y a de grandes **divergences d'opinion**, mais aussi de points de vue par rapport à la parentalité. S'il est habituel de ne pas être en accord sur tous les points, il convient de demeurer en recherche d'un équilibre pour chacun(e). L'**empathie mutuelle** est indispensable dans le chemin de la parentalité en couple.

Nous partons avec des différences fondamentales, au niveau éducatif, du type d'attachement, de la relation à nos propres parents, aux attentes et aspirations. Nous avons abordé la question des **valeurs profondes** autour desquelles se retrouver dans la première partie de ce livre. **Le fait est que la parentalité n'est pas simple.** Elle ne l'est pas individuellement. En couple, nous nous confrontons à la perception de la parentalité d'une autre personne, ce qui peut amener des déceptions. Il arrive aussi que **les différences entre les genres explosent** au moment où l'on devient parent, puisque les mères sont traitées très différemment des hommes dans notre système social. Cela génère des **tensions** qui ne peuvent être dépassées que si le/la partenaire va à la rencontre de l'autre.

La prise en compte de la **temporalité de la parentalité** est un outil indispensable pour la survie du couple :

- **non, les nuits ne sont plus gâchées pour toujours ;**
- **non, le cododo/l'allaitement et la proximité intense ne dureront pas indéfiniment ;**
- **non, les repas ne seront pas tout le temps des champs de bataille ;**
- **non, les enfants ne seront pas le seul sujet de discussion à vie.**

En revanche, durant les premières années, la parentalité est centrale parce que les enfants sont tellement dépendants que nous devons nous ajuster à la réponse de leurs **besoins intenses**. Cela peut avoir des effets déroutants sur la santé mentale et sur sa disponibilité envers l'autre partenaire. J'ai tendance à suggérer que, mis à part des situations de violences conjugales/familiales, il est préférable d'**attendre 3 ans avant de prendre la décision de se séparer** à la suite de la naissance d'un enfant. Il faut bien ce temps pour retrouver un semblant de vie de couple.

Cela dit, il faut savoir que la violence conjugale s'accroît dès la grossesse. 40 % des violences conjugales débutent lors de la **première**

grossesse. La perspective d'une vie à trois et la vulnérabilité des personnes enceintes en font des êtres dont les auteurs de violences semblent profiter. Les violences ne sont pas que des passages à l'acte par des gestes violents, il s'agit souvent d'abord de **mots** (violences verbales, dont les insultes), de **violences psychologiques** (menaces, humiliations, chantage...), de violences économiques (contrôle des dépenses, interdiction d'utiliser son argent, compte en banque commun exclusivement, mise en place d'une dépendance financière, vol, usurpation d'identité...) ainsi que les violences sexuelles (chantage pour avoir des rapports, rapports de force, culpabilisation...). **Dès le moindre doute, quand la peur s'instille dans la relation, je suggère de prendre contact avec des associations pour les femmes victimes de violences dans votre région[1].**

- Le 3919, Violences Femmes Info, est le numéro national d'écoute, d'information et d'orientation des femmes.
- Le 116006 est le numéro d'aide aux victimes d'infractions, qui permet d'être écouté(e) et orienté(e).
- Le mail pour les personnes malentendantes : victimes@116006.fr
- Il est aussi possible de signaler en ligne les violences conjugales, sexistes et sexuelles : https://www.service-public.fr/cmi
- Vous pouvez aussi vous tourner vers SOS Femmes, Solidarité Femmes, Femmes Solidaires, les Centres d'Information sur les Droits des Femmes et des Familles, le Collectif féministe contre le viol, les centres de planning familial...

Après un ou plusieurs bébés, **le couple doit se recréer autour du rôle de parent** qui enlève de la spontanéité dans les relations entre partenaires. De même, le rôle de parent modifie profondément le quotidien. Si les modifications sont vécues principalement par une seule personne, cela demande une **réelle recherche d'équilibre**. Les contraintes familiales, même si elles ont été choisies, demeurent d'une exigence extraordinaire, puisqu'il n'y a pas de temps de pause.

Il est important d'aller à la rencontre des besoins de tout le monde et même souvent d'insister pour que les temps consacrés à soi-même soient maintenus. **Aimer profondément, c'est aussi permettre à l'autre**

[1] Toutes les informations sont disponibles sur : https://arretonslesviolences.gouv.fr/besoin-d-aide/violences-au-sein-du-couple

dépasser les injonctions sociales au sein de son foyer. Lorsqu'une personne transige sur son bien-être par praticité, cela finit toujours par ressortir sur sa santé mentale et/ou sur l'ambiance familiale. Ne laissons pas nos partenaires se sacrifier.

Nous devons aussi faire face aux **modifications qui surviennent avec la parentalité**. Il se révèle des choix ou des comportements qui n'étaient pas ceux attendus ou prévus. Lorsque quelqu'un est incapable d'agir comme prévu, cela nous prend au dépourvu. L'incompréhension mutuelle s'enracine dans les situations où les partenaires ne sont plus alignés avec le comportement à avoir. Vivre la parentalité génère systématiquement une **remise en question des principes** préalablement établis.

Notre fonctionnement interpersonnel se modifie durant la grossesse et les premiers stades de la vie : nous devenons **plus sensibles aux émotions** et avons plus de **compassion** pour les autres.

Ce processus adaptatif permet de communiquer et de mieux comprendre les bébés, ces petits êtres non-verbaux dont les émotions dictent la vie. Cela implique que la distance raisonnable avec le bébé, pour protéger le couple, peut voler en éclats. Non pas pour nuire au couple, mais parce que cela ne fait plus sens dans la façon de s'occuper du bébé.

Il arrive trop souvent que les rôles genrés resurgissent : la mère qui a porté l'enfant se connecte avec le besoin de proximité du nouveau-né et souhaite vivre la fusion utile à l'accordage, le père peste contre cette proximité constante et souhaite appliquer les conseils et autres principes plus rigides qui étaient envisagés en couple. La mère ne comprend pas que son conjoint ne perçoive pas les besoins de l'enfant. Le père ne comprend pas pourquoi la mère insiste pour fusionner et le tenir à l'écart, croit-il.

Dans énormément de couples, la relation proximale avec le bébé va créer une **peur d'être délaissé(e)** chez l'un(e) des partenaires. Les preuves d'amour, notamment par les câlins et les petits gestes affectueux, peuvent temporairement disparaître ou être réduites de façon majeure. Lorsqu'on cajole un bébé 16 heures par jour, retrouver sa liberté physique peut passer par le fait de ressentir les limites de son corps... sans se faire coller par quelqu'un d'autre.

Bien sûr, chaque personne est singulière, et les cas de figures sont multiples. **Cependant, il ne faut pas minimiser la charge émotionnelle et physique que représente la parentalité.** Qui plus est, les injonctions sociétales laissent penser que le parent qui gère le plus les enfants, donc qui n'a pas ou moins d'activités professionnelles rémunératrices, doit aussi prendre en charge la majorité des tâches domestiques. Les charges mentales cumulées finissent souvent par éloigner les partenaires. Cela se caractérise clairement par une distance au niveau de la vie intime. L'absence de relation sexuelle, dans le cas d'un couple ayant des rapports réguliers auparavant, est le signe d'une **situation perturbée**. La grossesse, le post-partum, retrouver un équilibre avec un bébé, l'explosion de la charge mentale, la fatigue, l'absence de désir sexuel : ce sont autant de circonstances qui peuvent conduire à l'absence de relations sexuelles. C'est légitime. Je rappelle que le sexe ne doit jamais être une monnaie d'échange pour des relations de couple respectueuses. L'absence d'envie doit être entendue et respectée dans tous les cas. Ce n'est pas le manque de sexe qui cause la perte des couples. Il y a **beaucoup d'autres facteurs à observer** qui sont des prérequis à la possibilité d'avoir une sexualité.

Se séparer ?

Notre société a tendance à idéaliser la relation de couple et les familles nucléaires (deux parents + enfants). Pourtant, en étant honnête concernant la charge mentale induite par l'arrivée d'un enfant, il faut souvent **plus de deux personnes investies** afin de gérer le quotidien et ses imprévus.

Il est parfois difficile de trouver un équilibre lorsque deux personnes vivent ensemble : la parentalité bouscule énormément les couples. Plusieurs mois ou années sont nécessaires pour récupérer ce statut de couple, avec le soutien de l'entourage, pour se permettre de **réinvestir du temps ensemble**.

Certains ne parviennent pas à être parents ensemble. Cela révèle des divergences trop fortes pour être supportées au quotidien, comme le manque de soutien et d'entraide au sein d'un foyer, par exemple. La décision de la séparation permet aux partenaires de **sortir d'une pesanteur quotidienne**. Parfois, la séparation est faite d'un commun accord. Souvent, un(e) partenaire chemine vers la séparation avant d'annoncer sa décision à l'autre.

Quitter un couple passe par une **réorganisation de la vie**. Cela crée des contraintes, mais un certain nombre de libertés retrouvées. Nous ne pouvons pas ignorer les aspects de **reconstruction personnelle** à la suite d'une séparation. Qui plus est, se séparer de l'autre parent de ses enfants implique de **rester en contact**. La scission qui accélère la reconstruction personnelle n'est pas possible. Il faut alors développer **un autre type de relation** avec l'autre parent. La séparation ne va pas faire disparaître les divergences d'opinion, mais elle permet de ne plus les vivre 24 h /24.

La séparation, en tant que parent, implique de ne plus avoir l'illusion de **contrôler tout ce qu'il se passe dans la vie des enfants**. Cela fait partie des inquiétudes les plus fréquentes et qui empêchent un(e) des partenaires de partir, malgré un grand mal-être. Nous avons tendance à croire que rester peut protéger les enfants. Cependant, vivre avec un couple dysfonctionnel n'est pas un facteur de bien-être pour eux. Dans les situations de violences familiales, je conseille de prendre contact avec les **associations locales** afin de préparer son départ et d'avoir plus de chance de protéger effectivement ses enfants.

La **médiation familiale** peut aider à se séparer respectueusement et à conserver des liens cordiaux. Cependant, cela ne fait pas disparaître toutes les **blessures personnelles**, qui sont à prendre en charge de manière qu'elles ne polluent pas la capacité à faire un couple parental fonctionnel, à défaut d'un couple romantique.

Composer sa famille différemment

Lorsque nous créons notre famille, nous ne pensons pas à la façon dont elle va évoluer. Nous pensons rester seul(e) ou avec sa/son partenaire et vivre ce que nous projetions. Nous avons besoin de **faire le deuil de la vie projetée** et de nous retrouver. Vivre un couple amène une organisation à deux ainsi qu'une image de soi modifiée. Il peut être utile de **se reconnecter avec soi-même** et de **se remettre au centre de sa vie**. Nous avons parfois tendance à fuir en avant sans réellement nous poser.

Se séparer, vivre un deuil, tomber amoureux(euse)... tant de possibilités qui amènent un **changement dans la composition des familles**. Ralentir le rythme d'une décision par rapport aux changements est toujours indiqué, notamment en cas de doute. La précipitation n'est pas nécessaire, et tomber sur une personne qui impose des changements drastiques rapidement peut être une alerte à ne pas négliger. **La temporalité la plus importante est la sienne :** pas celle imposée par quelqu'un d'autre. S'il y a des doutes, un sentiment d'être perdu(e) ou dans le flou, on n'est en rien obligé(e) de se décider tout de suite. Si la personne qui entre dans la famille effectue des sous-entendus culpabilisants, cela dénote déjà un **dysfonctionnement relationnel**.

Je suggère d'**analyser la façon dont le couple s'inscrit dans notre histoire et dans notre désir** en se posant ces questions :

- **Qu'est-ce que la famille ?**
- **Quelles sont mes attentes dans le cadre d'un couple ?**
- **Que suis-je prêt(e) à accepter ?**
- **Quelles sont mes limites/ mes craintes ?**
- **Ai-je envie d'être en couple, de vivre en couple ou de me sentir aimé(e) ?**

Qui plus est, après une séparation ou lorsque la famille s'est construite avec un seul parent, de nombreuses peurs peuvent se manifester. Les **traumatismes relationnels** vont émerger. Le couple est un lieu spécifique qui met en évidence les **troubles de l'attachement**. Je ne suis pas de celles qui pensent qu'il faut être parfaitement bien seul(e) pour s'épanouir en couple : c'est une conception **psychophobe**[1] qui laisse penser que les personnes avec des troubles n'auraient pas le droit de vivre l'amour. Dans les faits, il

[1] Un comportement psychophobe est une forme de discrimination ou d'oppression envers les personnes atteintes d'un trouble mental.

est intéressant de prendre conscience des difficultés qui émergent et d'en parler librement. Être en mesure de reconnaître ses failles et assumer sa vulnérabilité offre la possibilité de créer une **relation authentique**.

Enfin, même si les voyants sont principalement au vert, il peut s'avérer compliqué de franchir le pas de créer une **famille recomposée**. Le terme en lui-même est dévalorisant, puisqu'il indique clairement que la première cellule familiale a implosé. Ensuite, l'image sociale des beaux-parents n'est pas confortable. Ils doivent trouver leur place et... ça prend du temps. Les enfants nés de la/des précédente(s) union(s) peuvent avoir du mal à laisser entrer quelqu'un dans la vie de leur parent. Les liens, la confiance et la place de référent s'acquièrent après de longs mois, voire des années.

En tant que femme, j'estime qu'il peut y avoir **une forme de culpabilité** de ne pas avoir réussi à faire tenir le premier couple et à faire entrer un(e) conjoint(e) dans la vie des enfants. Les femmes sont jugées si elles font entrer une nouvelle personne dans leur famille, **mais elles le sont aussi si elles décident de rester seules.** Aux yeux de la société, elles ne font jamais le bon choix. C'est l'indicateur parfait pour se dire que **la vérité n'est nulle part ailleurs que dans son propre cœur**.

LA SEXUALITÉ ET LA CHARGE SEXUELLE

La charge sexuelle : un concept clé !

Pour être exacte, j'opte pour la définition de Clémentine Gallot et Caroline Michel : « *la charge sexuelle, c'est la manière dont les concepts se déclinent dans l'intimité des femmes et pèsent sur leur sexualité. Concrètement, il s'agit d'une somme d'injonctions : s'apprêter pour plaire, s'inquiéter du désir de l'autre, de son plaisir, de prendre en charge la contraception, les projets d'enfants et la santé sexuelle. C'est aussi la pression pour les femmes à se conformer à des normes sexuelles : être hétéro d'abord, mais aussi avoir de l'expérience, mais pas trop de partenaires, pour maintenir sa respectabilité...* »[1].

Nous nous rendons vite compte que dans notre **société hypersexualisée**, il convient d'être au point. Cependant, être une experte du sujet laisse place au doute quant à ses bonnes mœurs.

Aujourd'hui, nous prenons conscience de la **pression vécue par les femmes au sein du couple hétérosexuel**. Ce sont elles qui doivent être séduisantes, mais ce sont aussi elles qui assument les conséquences si une grossesse démarre. Les femmes sont globalement tenues pour responsables, délestant les hommes de leur contribution pourtant évidente lors de la conception d'un enfant. Cela ne veut pas dire que les couples homosexuels ou pansexuels sont exempts de pression sociale : globalement, une personne qui a été **sociabilisée comme une fille/femme** aura intégré certaines injonctions lourdes à déraciner.

Les femmes auraient prétendument **moins de désir** que les hommes. C'est la représentation populaire habituelle qui permet aux hommes de se plaindre de la quantité de rapports sexuels. Par ailleurs, les femmes qui auraient des désirs ardents sont traitées avec **bien peu de considération**.

Dans le cadre de la **parentalité hétérosexuelle**, la charge sexuelle concerne évidemment la **contraception** et la **prévision des naissances**. *Quid* de la contraception au masculin ? Pourquoi tant d'hommes refusent les préservatifs ? Pourquoi les femmes devraient être irréprochables en prenant une pilule tous les jours sans faillir ? Pourquoi les femmes sont-elles les seules à se préoccuper concrètement des potentielles grossesses ? Et puis, pourquoi certains hommes rêvent de grande adelphie s'ils ne sont pas là pour s'en occuper réellement ?

---

[1] *La charge sexuelle*, Clémentine Gallot et Caroline Michel, éditions First, 2020.

Toutes ces questions font écho au sein des **couples fertiles**. Les femmes ayant des rapports hétérosexuels vivent avec une épée de Damoclès au-dessus de la tête durant la majorité de leur vie sexuelle : le **risque d'une grossesse**. Lorsque cette dernière est désirée, ce sont souvent les femmes qui se préoccupent des périodes pleinement fertiles, pratiquent l'auto-observation de leur corps, se renseignent sur les manières de maximiser les chances. Si les grossesses ne sont pas souhaitées, ce sont les femmes qui devront **assumer les conséquences** en cas de loupé. La grossesse et le fait d'avoir un enfant impactent majoritairement la personne qui le porte.

Heureusement, de nos jours, les **moyens de contraception pour les hommes** sont plus nombreux et accessibles : différents traitements hormonaux sont disponibles ainsi que des dispositifs thermiques. La vasectomie est également un bon moyen de ne pas se reproduire. Le **partage de cette charge contraceptive** est souvent un booster pour la relation de couple.

Les sexualités

Depuis toujours, nous entendons parler de « LA sexualité », comme si elle était identique pour tout le monde. Pourtant, nous savons bien que **le rapport au sexe est singulier** pour chacun(e) d'entre nous. Notre histoire, les transmissions familiales, les influences sociétales, qu'on soit une femme, une personne intersexe, transgenre, non-binaire ou un homme, mais aussi notre santé mentale et physique... tout cela façonne notre façon d'approcher et de pratiquer le sexe.

La sexualité hétérosexuelle et performative teinte toutes les autres sexualités. Il y a un **scénario standard** selon lequel les préliminaires sont suivis de la pénétration qui amène à la jouissance, du moins à l'éjaculation. Fin.

Ce scénario indique :

- qu'il existe des **préliminaires**, soit des pratiques présexuelles qui ont pour objectif de préparer à la phase principale de l'acte : la **pénétration** ;
- que la pénétration est perçue comme **nécessaire**, voire caractéristique, d'un acte sexuel ;
- que chaque rapport sexuel s'achève avec l'éjaculation ;
- que tout est tourné vers le **plaisir masculin** et que cela met les femmes dans un rôle de réceptacle.

Cette **perception étriquée de la sexualité** est pourtant la plus répandue. Il n'est donc pas étonnant qu'on pense que les femmes ont moins d'envie sexuelle que les hommes : elles ont probablement d'**autres envies** que ce scénario-là !

La sexualité ne répond d'**aucun code** : il n'y a pas de début ni de fin, sauf à l'envie. Les partenaires doivent être **pleinement consentants** à ce que la partie débute et se poursuive. Le consentement doit être éclairé dans chaque acte d'une relation sexuelle. De fait, un acte sexuel pratiqué sous l'**influence importante d'alcool ou de stupéfiants** peut rarement être pleinement consenti.

En outre, le droit de cuissage et le devoir conjugal n'existent plus. **La sexualité n'est pas due dans un couple.** Un acte sexuel qui a lieu après un moment d'argumentation, de culpabilisation ou autre, si l'une des parties cède à l'autre, si l'accord n'est pas pleinement donné, est un **viol par pression psychologique**.

Selon le CNRS, « *depuis la loi du 4 avril 2006, le code pénal reconnaît le viol entre conjoints comme un viol aggravé. Pourtant, les victimes portent rarement plainte et, lorsqu'elles le font, les affaires sont souvent jugées, non pas en cours d'assises, comme tous les crimes, mais au tribunal correctionnel* ». **Peu de femmes portent plainte** et un très faible pourcentage d'auteurs de violence sont condamnés.

Un viol n'est pas du sexe : c'est de la violence avec une volonté de domination.

Nous gagnerions à considérer les **différentes possibilités de la sexualité** plutôt que ses exigences de performance (combien de partenaires, à quelle fréquence, durant combien de temps, etc.). Les envies varient au fur et à mesure du temps. Parfois, les envies de tendresse dépassent celles d'une sexualité majoritairement génitale.

Je tiens à signaler que cela concerne l'ensemble des couples, hétérosexuels ou homosexuels. Tous traversent des moments où **le désir des deux conjoint(e)s n'est pas accordé**. Dans ces circonstances, il est utile de communiquer avec empathie et douceur afin que les partenaires puissent se confier leurs ressentis sur le sujet. Cela permet également de questionner les **alternatives** de ce qui faisait la sexualité jusqu'alors.

Beaucoup de femmes apprécient la redécouverte de la sensualité de leur corps après une naissance, sans forcément recourir à la pénétration vaginale. La parentalité expose inexorablement à un **changement de rythme de vie et de sa sexualité**. Certain(e)s s'y perdent, et d'autres saisissent l'occasion pour améliorer la communication de leurs envies. Le sexe après être devenu parent n'est évidemment ni condamné ni maudit. Il nécessite souvent **plus d'adaptations et d'empathie** pour le vécu de l'autre.

Enfin, je me permets de rappeler qu'il n'y a aucune mauvaise sexualité, tant que les actes sexuels participent à l'épanouissement et se déroulent dans un **cadre pleinement consenti**. Nos désirs fluctuent tout au long de la vie. Il est normal de vouloir vivre différents types de relations sexuelles au cours de son existence. Nous n'avons pas la fougue de nos 20 ans durant toute une vie, une période d'abstinence ne nous relègue pas au rang des frustré(e)s à vie et les fantasmes, eux aussi, sont **voués à évoluer**.

Le besoin sexuel des hommes à satisfaire ?

N'avez-vous jamais entendu un homme dire qu'il avait de **grands besoins sexuels**, qu'il ne pourrait pas s'en passer, que si sa partenaire ne pouvait pas le combler, il irait voir ailleurs ? Avez-vous entendu parler du mythe « des couilles bleues », ce phénomène qui toucherait les hommes qui n'ont pas eu de rapports sexuels depuis longtemps ?

Nous avons toutes et tous appris que les hommes ont **plus de désir** que les femmes et qu'ils ont même « des besoins ». La sexualité répond-t-elle vraiment à un besoin ? Et si ce n'était qu'une envie ? Cette question était purement rhétorique. La réponse est claire et unanime : **il ne s'agit aucunement d'un besoin vital.** Si vous aviez une forte envie de chocolat, vous ne forceriez pas pour autant quelqu'un à manger avec vous. De même, **il est intolérable de faire pression sur quelqu'un pour assouvir une envie sexuelle.**

Ce mythe du « besoin sexuel » a servi durant des décennies, voire des siècles, à ce que les femmes subissent les actes des hommes mus par leurs insatiables envies. Aujourd'hui, ça ne tient plus ! **Nous n'avons à satisfaire personne, que ce soit après 3 jours ou 3 ans d'abstinence**.

La libido

La libido est perçue comme le **témoin du désir sexuel**. Malheureusement, une personne qui ne ressent pas de désir est considérée comme anormale, frustrée, voire frigide. Tout cela n'a pas grand-chose à voir avec l'envie sexuelle, mais cela met en évidence combien ces représentations nous poussent toutes et tous à entrer dans les cases de LA sexualité.

Bon nombre de magazines nous montent la tête avec des réponses chiffrées pour assurer l'équilibre des couples : au moins trois relations sexuelles par semaine. On vante les bienfaits du sexe... mais personne ne parle de sa **qualité**, du plaisir, ni même du désir. Encore et toujours, les femmes ont tort, puisque si elles ont beaucoup de désir sexuel, elles sont perçues comme des catins ou des nymphomanes (donc atteintes d'une *maladie*), et si elles n'en ont pas assez, c'est qu'elles sont inintéressantes.

En dehors du prisme de la sexualité pour les hommes, les femmes vont bien. Si elles n'ont pas à correspondre à des critères, elles vivent bien ce qu'elles ressentent. **Sans surprise, le désir fluctue au cours de la vie pour tout le monde !**

La parentalité vient bouleverser cet aspect-là du couple par de nombreux facteurs :

- la conception (spontanée ou non, aide médicale...) ;
- la santé et les ressentis pendant la grossesse ;
- les séquelles, ou non, laissées par l'enfantement ;
- la disponibilité psychique et physique en post-partum (qui dure 3 ans !) ;
- la fatigue ;
- la qualité de la relation de couple ;
- la santé mentale et la focalisation sur ses propres besoins ;
- l'existence d'un enfant qui fait disparaître la plupart des moments spontanés pour avoir des relations sexuelles ;
- le rapport au corps après la transformation de la grossesse.

En bref, il y a énormément de points à prendre en compte lorsqu'on explore la sexualité d'un couple parental. Je suis peinée que les **injonctions sociales** intiment aux jeunes parents de reprendre une activité sexuelle rapidement, sous peine de perdre leur complicité. Bien entendu, certains couples retrouveront une vie sexuelle épanouie rapidement. Pour d'autres, cela demandera une reconstruction et la remise en question des injonctions sociales.

Certains hommes **souffrent également** de celles-ci. Ils sont souvent considérés comme avides de sexe. Cela fait passer ceux qui ne ressentent pas de désir intense comme des sous-hommes manquant de virilité.

Il me semble éminemment problématique de parler de « trouble du désir » lorsqu'il n'y a simplement plus de désir pour les raisons évoquées ci-dessus. L'absence de désir n'est pas un trouble, c'est juste une donnée à prendre en compte dans les attentes et les liens d'un couple. L'absence de sexualité ne met pas nécessairement un terme à la douceur et la tendresse. La visibilisation et les contenus créés par et pour les **personnes asexuelles** sont très pertinents pour questionner les injonctions sociales relatives à la sexualité.

Le décours du temps dans le couple de parents

En devenant parents, l'entièreté du **rythme de vie** est modifiée. Les deux partenaires peuvent avoir un ratio de temps équivalent auprès de l'enfant ; cependant, dans la majorité des situations, la mère, qui a donné naissance à l'enfant, va se retrouver en **tête à tête avec son nouveau-né** pendant plus de 2 mois.

En fonction des possibilités et aussi des choix, un grand nombre de mères se retrouvent à rester à la maison, alors que l'autre partenaire consacre son temps à une activité rémunératrice. Plus tard, dans la vie des parents, l'un est souvent plus investi auprès des enfants que l'autre, pour des considérations pratiques ou par sens du devoir. Un **déséquilibre** s'effectue d'office dans la charge mentale relative à la parentalité.

Plus l'équité s'enracine dans le rapport aux enfants, plus la charge mentale diminue pour l'un(e), et plus le sentiment d'**efficacité parentale** augmente pour les deux. En effet, moins nous passons de temps avec nos enfants, moins nous développons de l'**expertise** afin de les prendre en charge. De nombreux pères, conditionnés par une société dont les stéréotypes de genre leur ont enseigné qu'ils ne devaient pas s'occuper des autres (dans une relation de soin), se sentent incapables d'interagir efficacement avec leurs enfants. En parallèle, trop de femmes se sentent seules à tout décider. Elles s'épuisent au sein de leur couple et ressentent de l'**injustice**.

Dans ces circonstances communes, le vécu de la parentalité est **diamétralement opposé**. Le parent qui gère le(s) enfant(s) subit régulièrement de l'hypervigilance, soit une manifestation d'anxiété, puisqu'il ne peut compter que sur lui-même. Cela n'aide pas à se reconnecter avec la/le partenaire dans le cadre de relations amoureuses.

La **complicité**, la **tendresse**, la **reconnaissance** et le **soutien** sont des éléments capitaux pour entretenir la relation lorsqu'elle se transforme avec la parentalité. Ce qui entrave la poursuite sereine du couple est la peur de ne plus voir ses besoins et envies remplis par la/le conjoint(e). Or, avec la parentalité, nous pouvons dire que « les délais de traitement » sont largement allongés. Nous avons moins de temps pour nous-mêmes. La priorité devient alors de **parvenir à un équilibre afin de préserver sa santé mentale**. Le couple a comme but de rester une béquille dans l'équilibre personnel… au risque de devenir une entrave. La métaphore du masque à oxygène prend alors tout son sens : avant de vouloir investir de l'énergie dans la santé du couple et la relation amoureuse, il est nécessaire de **prendre soin de soi** et d'être capable de respirer.

Un couple peut mettre jusqu'à 3 ans pour renouer après une naissance. Cependant, cela dépend des situations, et il n'y a pas de vérité générale. Pour autant, il convient d'être patient(e). Une grande quantité de facteurs peuvent entraver la disponibilité des parents à redevenir un couple d'amoureu(x)ses. La santé mentale de chacun(e) des partenaires nécessite une grande attention durant l'apprentissage de la parentalité. Prendre soin de soi et de l'autre sont des priorités pour continuer à former un couple évoluant au gré de la vie.

CONCLUSION

« La parentalité change tout » est une maxime connue. Elle change les couples, le rapport aux autres, au monde et à soi-même. J'entends régulièrement des proches et des patient(e)s me dire qu'iels ont mis à distance des personnes proches parce que leur rapport aux enfants était trop dérangeant.

Et si la parentalité était, avant tout, profondément **révélatrice** ?

Elle révèle ce qui se cache en nous : nos schémas relationnels avec les autres, nos conflits latents avec nos proches, notre perception du monde, nos envies et nos besoins fondamentaux. La parentalité rend saillant ce qui compte par-dessus tout.

Or, nous n'avons pas été élevé(e)s dans un monde qui prêtait attention à notre **singularité**. Nous sommes confronté(e)s aux exigences de la société et à l'**impératif de s'y conformer**. Nous tentons toutes et tous d'agir de notre mieux, malgré des conditions inéquitables. Nous avons appris que la résilience faisait tout, et que le mérite permettrait le reste. Il suffirait de vouloir les choses, de tout mettre en œuvre, et nos efforts finiraient par porter leurs fruits.

La parentalité explose ces mythes de développement personnel. Vouloir ne suffit pas.

Le concept de la méritocratie est un *ego trip* capitaliste. La vie avec des enfants met en exergue les inégalités.

Il y a tant de **deuils à effectuer dans la parentalité** : vivre tout avec légèreté, minimiser les schémas familiaux, mettre un mouchoir sur les émotions désagréables, penser que nous pourrions être les parents idéaux dont nous rêvions, avoir les ressources pour vivre sa parentalité sans contrainte... Inévitablement, être parent confronte à des wagons de sentiments aussi divers que variés.

Lorsque la parentalité rassemble trop de turbulences, il convient de **tout décortiquer** pour comprendre ce qui se trame derrière le mal-être envahissant. J'espère sincèrement que ce livre aidera chacun(e) à établir des pistes de réflexion afin de se trouver soi-même, en s'éloignant un peu des conditionnements culturels et sociaux dont nous faisons l'objet.

Je souhaitais démontrer combien les **aléas de notre santé mentale** concernent tout le monde. La psychophobie ambiante nous empêche de nous livrer les uns aux autres, de peur d'effrayer avec des idées noires, froides et à l'opposé des attentes sociétales de la parentalité.

Nous avons du mal à dire que l'éducation reçue impacte durablement notre confiance en nous, que notre famille ne nous soutient pas, que les partenaires de vie ont créé des traumas, que les enfants ne génèrent pas un épanouissement sans faille, que nous envisageons de nous séparer tous les quatre matins de l'autre parent, que la fatigue intense était inconcevable, que l'anxiété s'est décuplée...

En bref, nous détestons contredire la beauté de la parentalité parce que **nous avons peur d'être perçu(e)s comme des parents indignes/irresponsables**, qui n'aiment pas/aiment trop leurs enfants et/ou qui ne font pas de leur mieux.

Pourtant, je suis convaincue que plus la parole se libérera sur la réalité de la parentalité, plus la société sera douce pour les parents et les enfants. Vivre dans un pays dont les enfants doivent correspondre à des normes et des standards de comportements nous complique bien la tâche. Aujourd'hui encore, les mères qui ouvrent les vannes de leurs sentiments envers leur maternité se trouvent confrontées à des flots de haine. La difficulté d'être parent n'est pas audible socialement : cela pourrait faire baisser la natalité, pensent-ils. Mais pourquoi ne pas réfléchir à augmenter le soutien dont auraient besoin les parents d'enfants de tous les âges ?

Investir dans des structures de soutien (groupes de parole, sensibilisation généralisée au développement des enfants, ressources en cas de besoin, accompagnement en post-partum, centres de soutien psychologique accessibles à toutes et tous, etc.), **améliorer la qualité de l'accueil des enfants dans les structures collectives** (crèches et écoles), **permettre aux parents de créer des liens qualitatifs avec leurs enfants sans avoir peur de manquer d'argent** (congé parental avec allocations plus élevées, congé du second parent allongé, etc.) et d'autres actions concrètes pourraient **réduire le déterminisme social et les inégalités**.

Nous avons besoin d'intégrer que la façon dont nous vivons notre parentalité ne dépend pas que de nous et que nous ne sommes pas fautif(ve)s. Nos **conditions de vie** entravent beaucoup nos possibilités de bien-être en tant que parents. Nous avons fait des **choix conditionnés par les attentes sociales**. Nous vivons avec de multiples pressions, notamment les mères, qui sont tenues responsables de tous les maux.

Nous sommes parents à notre manière, selon ce qui fait sens pour nous, ce que nous aimons et ce qui nous fait plaisir de partager.

Nous avons le droit à cette singularité qui offre au monde toute la richesse de la diversité. Sans diversité, il n'existe ni inclusion, ni empathie ou effort de connexion aux autres. J'en appelle à l'indulgence face à nos histoires de vie, à la façon dont nous traversons nos émotions intensément et à nos ressentis. Nous n'avons pas le pouvoir de tout changer, et cela peut sembler accablant, voire vain. Alors, dans ce marasme, nous avons d'abord besoin de prendre soin de nous afin de retrouver/préserver l'envie de vivre tout le potentiel de la relation avec nos enfants.

Prendre soin de soi, c'est regarder droit en face les contraintes qui nous affligent, c'est mettre nos limites, c'est imposer du temps pour vivre et non juste pour survivre, c'est **s'écouter vraiment et répondre à ses besoins**.

Être parent donne envie de dénoncer les injustices. **Faisons-le !**

Allons chercher au fond de nous et agissons, d'abord au plus près de soi, pour se sentir entièrement respecté(e). Chacun(e) a ses propres stratégies pour répondre à ses besoins. Nous cheminons et nous évoluons sans arrêt. Notre point commun à toutes et tous est la **recherche d'équilibre**.

Alors, après avoir pris connaissance de toutes ces informations et ces réflexions, vers quoi penche votre équilibre, à vous ?

LES QUESTIONS LES PLUS FRÉQUENTES

1 VAIS-JE ABÎMER MON ENFANT SI JE NE SUIS PAS IDÉAL(E) ?

Être idéal(e) est un objectif irréaliste. Le fantasme de la mère parfaite a été créé sans qu'il soit palpable. Les enfants vont traverser des aléas ; certains seront formateurs, d'autres traumatisants. C'est un fait, et tout n'est pas imputable aux parents.

Les enfants ont besoin de parents qui **s'ajustent à eux**, qui demeurent souples avec des règles constantes et prévisibles. Ce sont les réactions irrespectueuses de leur intégrité, soudaines et imprévisibles, qui sont néfastes à leur épanouissement. Elles vont alors engendrer plusieurs situations « loin d'être idéales » : l'important est de les reconnaître, de s'excuser, d'en comprendre la raison et de chercher des solutions alternatives.

② LA DÉPRESSION POST-PARTUM VA-T-ELLE IMPACTER MON ENFANT ?

Lorsqu'on traverse une **dépression post-partum**, cela peut entraver le lien à son enfant. Mais ce n'est pas systématiquement le cas. Chaque dépression est singulière : certaines ne supporteront pas le contact physique intense avec leur bébé, tandis que d'autres ne pourront plus vivre que dans le soin intensif de leur bébé. Les deux stratégies font écho à des **protections de soi**.

Les femmes, dans le premier cas de figure, seront souvent **davantage soutenues par le système de santé mentale**, puisque l'impossibilité d'une mère de s'occuper de son enfant est un signe inquiétant. La manière plus fusionnelle d'exprimer sa dépression passera inaperçue, parce que les mères concernées demeurent « fonctionnelles ».

Le risque de la dépression post-partum est d'**imprimer en vous des croyances sombres durant une longue période**. Les réactions peuvent être intenses si on croit que son enfant fait exprès de nous mettre en échec ou qu'il nous harcèle. Le lien avec ce bébé perçu comme un agresseur sera plus difficile. De même, il peut être déroutant de ne pas ressentir d'amour fou à son égard. Cela va souvent de pair avec le sentiment d'être une mère exécrable et indigne. Les émotions désagréables et les **pensées chaotiques** au sujet de son enfant génèrent une culpabilité intense qui accroît encore le mal-être. Cependant, cela ne va pas forcément influencer le développement du bébé si d'autres personnes font office de relais durant cette période et que le bébé ressent un attachement sécure autour de lui. Même si la dépression a été détectée tardivement, après la période de crise, **il est nécessaire de consulter un(e) professionnel(le) de santé mentale** afin d'extérioriser la culpabilité et de sortir des biais cognitifs qui entravent la relation stable à l'enfant.

L'ensemble des troubles psychiques peuvent affecter transitoirement notre rapport aux autres, enfants inclus. En ayant connaissance de son trouble, il devient possible de **reconnaître les alertes indiquant que ses limites ont été dépassées** et de se protéger, tout en préservant les autres. Rien n'est inscrit dans le marbre, la prise en charge individuelle aide à aller de mieux en mieux. Dans le cas où la relation est impactée, une prise en charge par une systémique permet de se comprendre mutuellement et d'impulser du mouvement dans une situation figée.

3 PUIS-JE PORTER DES TRAUMAS TRANSGÉNÉRATIONNELS ?

Depuis quelques décennies, il a été beaucoup entendu que les êtres vivants pouvaient se transmettre des **traumatismes** de manière génétique, à cause d'une altération de l'expression de certains gènes.

Il a été démontré que les personnes atteintes de stress post-traumatique ont des gènes modifiés qu'ils peuvent transmettre à leur descendance. Cependant, il n'est pas possible de démontrer que seule l'expression des gènes soit responsable de la similarité d'attitudes entre descendant(e)s et ascendant(e)s.

En effet, en état de **stress post-traumatique**, les parents peuvent avoir des réactions vives et incontrôlables, souffrir de dépression, d'anxiété, de difficultés sociales, de dépendance et partager leur expérience du trauma, ce qui va surtout affecter la vie familiale.

Il a été démontré que grandir avec un parent ayant des pathologies psychiques accroît le **risque d'en développer** à cause de l'**imprégnation quotidienne** de ce mode de fonctionnement et des influences néfastes pour l'ajustement aux enfants. Par exemple, un parent ayant subi des violences sexuelles peut être particulièrement réactif à ce sujet, éprouver des difficultés à parler des relations affectives et sexuelles de manière adéquate et induire, bien malgré lui, des comportements similaires à une personne victime.

Il est donc suggéré, bien que des recherches demeurent nécessaires, que les **facteurs épigénétiques** (ce à quoi nous sommes exposé(e)s au quotidien) impactent particulièrement la descendance, en association à des facteurs génétiques. Tout est **multifactoriel**, il ne faut jamais l'oublier, surtout en parentalité, afin d'éviter de porter inutilement une culpabilité écrasante.

Oui, il est possible que certaines situations se fassent spécifiquement écho dans une famille.

Mais non, personne n'est porteur d'un trauma comme d'un **virus** dont il serait impossible de se débarrasser. **Adieu la fatalité transgénérationnelle !** Même si nos gènes peuvent être modifiés par le fait que nos aïeux aient vécu des traumas, nous avons la **plasticité neuronale** nécessaire, c'est-à-dire la capacité du cerveau à se modeler en fonction de nos expériences, pour apprendre à agir différemment.

❹ MON HISTOIRE PERSONNELLE ME CONDAMNE-T-ELLE À ÊTRE UN MAUVAIS PARENT?

Évidemment que non ! L'histoire personnelle et les éventuelles pathologies psychiques associées, comme la dépression, la bipolarité, les troubles anxieux, le trouble de la personnalité borderline, l'état de stress post-traumatique, le trouble dissociatif de l'identité et toutes les autres peuvent **affecter nos ressources en tant que parents.** Cependant, avoir des ressources limitées n'induit pas d'être un mauvais parent. Cela implique de **prendre en compte ses ressentis** pour ajuster la prise en charge des enfants. La connaissance de soi-même et, idéalement, une psychothérapie qui aide à réduire les manifestations des troubles, permettent d'agir avec justesse pour le bébé comme pour soi-même, et d'augmenter progressivement ses capacités.

Être parent avec des limites plus grandes que d'autres personnes engendre beaucoup de questions : « Pourquoi suis-je obligé(e) de porter ces craintes qui ne m'appartiennent pas ? Pourquoi ai-je des réactions que je trouvais exécrables chez mes parents ? ». Nous portons toutes et tous un **bagage** qui bouscule parfois notre parcours de parentalité. Les moments très difficiles sont de précieux indicateurs quant aux problèmes à prendre en charge en priorité.

5 POURQUOI LES AUTRES Y ARRIVENT ET PAS MOI ?

Nous avons de nombreux **biais perceptifs** qui induisent la croyance selon laquelle nous réussissons moins bien. Mais moins bien que qui ? Il est important de comparer ce qui est comparable. Or, en tant qu'êtres humains, nous avons tendance à oublier que nous sommes **très différent(e)s les un(e)s des autres**. Nous ne pouvons pas comparer les ressources de personnes ayant été élevées dans deux milieux diamétralement opposés en termes de situations socio-économiques, de pratiques parentales ou encore de valeurs familiales.

Nous fonctionnons comme nous le pouvons. La société nous culpabilise de ne pas correspondre aux attentes normatives et nous avons tendance à intégrer cette culpabilité. Pourtant, nous ne savons pas ce que vivent les autres familles en détail. Peut-être que certaines personnes mettent beaucoup plus de formes pour cacher leur mal-être que vous. Peut-être qu'elles prennent déjà des médicaments antidépresseurs depuis des années et qu'elles suivent une thérapie. Peut-être qu'elles ont plus de ressources parce qu'elles ont vécu moins de traumatismes et qu'elles ne traversent pas les craintes qui vous habitent au quotidien. **Vous y arrivez, à votre façon.**

6 DOIS-JE AVOIR DES RELATIONS SEXUELLES POUR SAUVER MON COUPLE ?

J'aimerais donner une réponse courte : non.

Les relations sexuelles ne sont pas un dû au sein des relations de couple. Dans le cas d'un couple marié, il apparaît que les couples doivent partager le même toit et cela sous-entend, dans la jurisprudence, que des relations sexuelles ont lieu. Cependant, le **viol conjugal** est reconnu comme viol aggravé depuis la loi du 4 avril 2006.

Dans tous les cas, concéder des relations sexuelles à son/sa partenaire ne sauve pas un couple. Au mieux, cela agit en guise de cache-misère. Il faut rester très vigilant(e) sur **la manière dont le/la partenaire évoque ses envies sexuelles** et peut faire pression pour obtenir des faveurs sexuelles. C'est anormal de subir du **chantage** ou des **menaces** (d'être frappé(e), trompé(e) ou quitté(e), par exemple).

Les relations sexuelles devraient témoigner de la **complicité** et de l'**envie mutuelle** de partager un moment de plaisir. Le **consentement éclairé** doit être donné à chaque étape d'une relation afin de ne pas créer de malaise chez l'autre.

Si le désir sexuel n'émerge plus chez l'un ou les deux partenaires, la **communication** doit être franche, et il est nécessaire de décrypter tout ce qui peut entraver celui-ci.

Si l'on ressent l'urgence de sauver son couple, une thérapie de couple convient mieux que de piètres relations sexuelles.

Rappel n°1 : l'absence de désir n'est pas un trouble en soi.

Rappel n°2 : les hommes n'ont pas de besoin sexuel primaire, il s'agit d'envies. Ces dernières n'ont pas à être satisfaites sans désir réciproque.

7 POURQUOI SUIS-JE ÉPUISÉ(E) AVEC MES ENFANTS ALORS QUE JE LES AIME ?

Nous rêverions tous et toutes de nous sentir en pleine forme constamment, comme si nos **limites physiques et mentales** n'existaient pas. Pourtant, nous avons chacun(e) les nôtres, et prendre soin d'enfants est énergivore. Même si cela comble certains aspects de la vie, il serait hypocrite de considérer la parentalité comme un unique facteur d'épanouissement.

Aimer ses enfants ne protège pas de l'épuisement. Aimer active l'empathie et l'envie de prendre soin. Mais cela ne protège pas des conséquences des nuits hachées, de la labilité émotionnelle des enfants ou encore de la charge mentale qui explose.

Nous vivons des émotions ambivalentes face à tous les êtres qui peuplent nos vies, les enfants ne font pas exception. Iels peuvent faire ressortir le plus beau et, parfois, la pire part de nous-même. Celle qu'on aurait préféré ne pas rencontrer. Le fait d'être épuisé(e), d'avoir besoin de se ressourcer, de vivre un peu sans elleux, ça ne dit rien de l'amour qu'on leur porte et de la qualité du parent que nous pouvons être.

8 DOIS-JE COUPER LES PONTS AVEC MA FAMILLE SI JE SUIS EN DÉSACCORD AVEC ELLE ?

Nous avons beaucoup de raisons d'être en désaccord avec les membres d'une **génération précédente**. Iels ont effectué des choix selon leurs conditions de vie, et nous pouvons aujourd'hui les analyser avec un recul temporel qu'iels n'avaient pas. Relire le passé à la lumière du présent ne permet pas de se comprendre mutuellement.

Nous prenons des décisions en fonction de **ce qui résonne pour nous** et nous devrions être accepté(e)s pour cela. Les relations avec les membres de notre famille sont parmi les plus explosives, puisque nous avons tout le passif de notre construction à leurs côtés. Nous attendons d'elleux des **comportements soutenants et empathiques**. De ce fait, les doutes émis et les remises en question heurtent la sensibilité des parents qui aimeraient recevoir de la confiance.

La question de couper les ponts indique que la relation à la famille a été **lourdement abîmée**. La parentalité est révélatrice des fonctionnements intimes et du rapport aux enfants. Cela fait ressurgir nos vécus infantiles et demande qu'on ouvre la communication sur le sujet.

Lorsqu'il y a des **désaccords**, je propose toujours en priorité que la communication soit établie de manière efficace, **sans accusation ni invective**. Lorsque quelqu'un formule des critiques, cela témoigne de peurs dans la situation actuelle. **Mettre en mots ses craintes** permet parfois de mieux se comprendre et de trouver un moyen de renouer avec l'autre. Si la communication est impossible, la relation est nécessairement entravée par les désaccords qui se cristallisent.

Quand les membres de la famille ont des comportements inadéquats voire outrageants, il n'y a **aucun devoir à garder le contact**. La sacralisation des liens de sang ne permet pas de trouver un équilibre psychologique. Pour autant, le fait de couper les ponts n'est pas toujours gage de sérénité. Cela dépendra de chaque personne et de chaque situation.

9 L'ÉDUCATION NON-VIOLENTE CRÉE-T-ELLE DES ENFANTS INADAPTÉS À LA SOCIÉTÉ ?

C'est une **appréhension fréquente** qui revient lorsque des parents évoquent leur volonté de tendre vers une éducation non-violente. En effet, notre société ne manque pas de violences. Alors, est-ce un tort si les enfants n'y ont pas été exposés ?

Dans les faits, subir de la violence sous prétexte d'éducation ne protège pas un enfant ; **cela impacte négativement la santé mentale et favorise les comportements débordants.** Les enfants ne sont pas plus à même de supporter la frustration et ils n'ont pas plus de compétences pour exprimer leurs émotions face à une situation violente. Au contraire, il y a une **banalisation** de celles-ci.

À l'inverse, dans un **accompagnement non-violent**, l'objectif est de donner des **outils** aux enfants face à des situations blessantes pour elleux : communiquer leur ressenti, s'opposer, chercher à comprendre ce qui génère ces circonstances et chercher de l'aide. Développer des compétences pour éduquer **sans banaliser la violence** ne protège pas les enfants du monde dans lequel iels évoluent. Iels ne vivent pas sous cloche et sont témoins de la violence autour d'elleux. S'iels ne l'expérimentent pas ou peu avec leurs parents, la confrontation avec d'autres enfants, des médecins ou encore des adultes violents existent. Iels se retrouvent face à la frustration d'un monde injuste où les règles ne sont pas forcément en leur faveur.

À tous les âges, nous devons apprendre à faire avec la violence du monde. Beaucoup d'adultes ne se sentent pas bien dans notre système social actuel. Beaucoup ne se sentent plus adaptés à une société qui ne respecte pas les individus. Est-ce un manque d'adaptation ou un ressenti légitime, comme tous les ressentis ?

Tendre vers une absence de violence permet aux enfants de retrouver un **havre de paix** avec leurs parents, dans une société où la violence règne.

⑩ FAUT-IL RESTER EN COUPLE POUR LES ENFANTS ?

J'ai tendance à dire que les enfants ne sont pas dupes. Si l'on tente de garder un couple juste pour ne pas les perturber, iels découvriront le pot aux roses tout seuls. Si c'est « pour les enfants », je pense que la réponse est toujours négative, puisque ces derniers peuvent très bien vivre une **séparation**, d'autant plus si les relations sont tendues dans la famille.

Au-delà des enfants, il y a plusieurs raisons de vouloir poursuivre une vie de couple, même sans amour. **Cela dépend de ce qui compte le plus pour les membres du couple** : est-ce l'amour partagé, la capacité à se soutenir au quotidien, le fait de vivre avec les enfants à temps plein, le sentiment de sécurité d'être à deux… ?

Il n'y a pas de bonnes ou de mauvaises réponses.

Je conclurai en affirmant que les enfants ont besoin de **parents stables et authentiques**, peu importe le cadre. Si la relation de couple est maintenue pour former un ersatz de famille unie, le vernis de l'illusion craquera au bout d'un moment. Nous ne pouvons pas vivre au travers du regard des autres, même s'il s'agit de nos enfants.

RESSOURCES

PARTIE 1

- Dayan, J. (2016). Chapitre III - Dépression anténatale. Dans : Jacques Dayan éd., *Les baby blues* (pp. 33-44). Paris cedex 14: Presses Universitaires de France.
- Tissot, H., Frascarolo-Moutinot, F., Despland, J. & Favez, N. (2011). Dépression post-partum maternelle et développement de l'enfant : revue de littérature et arguments en faveur d'une approche familiale. *La psychiatrie de l'enfant*, 54, 611-637.
- https://www.santementale.fr/2022/03/suicide-maternel-perinatal-comment-prevenir/
- Chabbert, M. & Wendland, J. (2016). Le vécu de l'accouchement et le sentiment de contrôle perçu par la femme lors du travail : un impact sur les relations précoces mère – bébé ?. *Revue de Médecine Périnatale*, 8, 199-206.
- Dayan, J. & Graignic-Philippe, R. (2011). Prescrire des antipsychotiques en postpartum. *Devenir*, 23, 69-85. https://doi.org/10.3917/dev.111.0069
- Moïra Mikolajczak, James J. Gross, Isabelle Roskam, *Beyond Job Burnout: Parental Burnout!*, *Trends in Cognitive Sciences*, Volume 25, Issue 5, 2021, Pages 333-336, ISSN 1364-6613.
- https://www.radiofrance.fr/franceinter/podcasts/alors-voila/post-partum-et-phobies-d-impulsion-4989356
- http://www.perinatalservicesbc.ca/Documents/Resources/HealthPromotion/EPDS/EdinburghEPDSScale_French.pdf
- https://www.burnoutparental.com/test-pba
- https://www.insee.fr/fr/statistiques/1303232?sommaire=1303240
- https://www.em-consulte.com/article/942050/epidemiologie-des-pertes-de-grossesse#:~:text=R%C3%A9sultats,pr%C3%A9coce%20concerne%2012%20%25%20des%20grossesses.
- https://www.quebec.ca/sante/conseils-et-prevention/sante-mentale/informer-sur-troubles-mentaux/troubles-mentaux/etat-stress-post-traumatique
- https://www.breastfeedingaversion.com/what-is-it-french

• *Le déni de grossesse, un trouble de la gestation psychique*, Benoît Bayle, éditions Eres, 2016.

• Suizzo, M.-A. (2002). *French parents' cultural models and childrearing beliefs*. International Journal of Behavioral. Development, 26(4), p. 297-307.

• Christiaan Monden, Gilles Pison, Jeroen Smits, *Twin Peaks: more twinning in humans than ever before, Human Reproduction*, Volume 36, Issue 6, June 2021, Pages 1666–1673, https://doi.org/10.1093/humrep/deab029

• https://www.lemonde.fr/societe/article/2022/08/01/pma-la-forte-demande-de-femmes-seules-et-entourees_6136796_3224.html#:~:text=-Sur%205%20126%20premi%C3%A8res%20demandes,biom%C3%A9decine%20dans%20son%20dernier%20bilan.

• https://www.insee.fr/fr/statistiques/5422681#:~:text=Insee%20Focus%20%C2%B7%20Septembre%202021%20%C2%B7%20n,monoparentales%2C%2021%20%25%20de%20familles%20nombreuses&text=En%20France%2C%20en%202020%2C%208,hausse%20par%20rapport%20%C3%A0%202011.

PARTIE 2

• *Harried and Unhealthy? Parenthood, Time Pressure, and Mental Health.* Ruppanner L, Perales F., Baxter J. ; https://doi.org/10.1111/jomf.12531

• https://guilfordjournals.com/doi/abs/10.1521/jscp.2018.37.7.5[14]

• https://www.msdmanuals.com/fr/accueil/probl%C3%A8mes-de-sant%C3%A9-infantiles/troubles-m%C3%A9taboliques-h%C3%A9r%C3%A9ditaires/galactos%C3%A9mie#:~:text=La%20galactos%C3%A9mie%20est%20caus%C3%A9e%20par,de%20sang%20et%20d'urine.

• « Résultats de la 6e Enquête Nationale Périnatale, menée en 2021 par l'INSERM » https://info-allaitement.org/ressources-en-ligne/que-nous-apprend-lenquete-nationale-perinatale-sur-lallaitement-en-france/

• Comité de nutrition de la Société française de pédiatrie, Turck D, Vidailhet M, et al. [*Breastfeeding: health benefits for child and mother*]. Archives de Pédiatrie : Organe Officiel de la Société Française de Pédiatrie. 2013 Nov;20 Suppl 2:S29-48. DOI: 10.1016/s0929-693x(13)72251-6. PMID: 25063312.

• Jorge Cuartas, *Corporal punishment and early childhood development in 49 low- and middle-income countries, Child Abuse & Neglect*, Volume 120, 2021, 105205, ISSN 0145-2134.

- https://www.insee.fr/fr/outil-interactif/5367857/tableau/30_RPC/33_PAU#:~:text=Leur%20taux%20de%20pauvret%C3%A9%20reste,2019%20(9%2C5%20%25).&text=Le%20taux%20de%20pauvret%C3%A9%20des%20enfants%20de%20moins%20de%-2018,contrast%C3%A9e%20selon%20la%20composition%20familiale.
- Philippe Verduyn, Nino Gugushvili, Karlijn Massar, Karin Täht, Ethan Kross, *Social comparison on social networking sites, Current Opinion in Psychology*, Volume 36, 2020, Pages 32-37, ISSN 2352-250X, https://doi.org/10.1016/j.copsyc.2020.04.002.
- Sarah M. Coyne, Brandon T. McDaniel, Laura A. Stockdale, *"Do you dare to compare?" Associations between maternal social comparisons on social networking sites and parenting, mental health, and romantic relationship outcomes, Computers in Human Behavior*, Volume 70, 2017, Pages 335-340, ISSN 0747-5632.
- Chae, J. (2015). *"Am I a Better Mother Than You?"*: Media and 21st-Century Motherhood in the Context of the Social Comparison Theory. Communication Research, 42(4), 503–525.
- Kolk, S.M., Rakic, P. *"Development of prefrontal cortex". Neuropsychopharmacol.* 47, 41–57 (2022). https://doi.org/10.1038/s41386-021-01137-9 et Nikolaus Steinbeis, "Neurocognitive mechanisms of prosociality in childhood", *Current Opinion in Psychology*,Volume 20, 2018, Pages 30-34, ISSN 2352-250X.
- Matias Berthelon, Dante Contreras, Diana Kruger, María Isidora Palma, *"Harsh parenting during early childhood and child development", Economics & Human Biology*, Volume 36, 2020, 100831, ISSN 1570-677X, https://doi.org/10.1016/j.ehb.2019.100831
- https://metadechoc.fr/podcast/cnv-une-communication-sans-violence/

PARTIE 3

- https://www.insee.fr/fr/statistiques/1303232?sommaire=1303240
- Livre de Nicole Guedeney, *L'attachement, un lien vital*, yapaka.be
- Dugravier, R. & Barbey-Mintz, A. (2015). « Origines et concepts de la théorie de l'attachement ». *Enfances & Psy*, 66, 14-22.
- *Pourquoi les bébés dorment-ils dans des lits à barreaux ?* de Natacha Butzbach, éditions Le Hêtre Myriadis, 2021.

- Gross, M. & Bureau, M.-F. (2015). L'homoparentalité et la transparentalité au prisme des sciences sociales : révolution ou pluralisation des formes de parenté ? *Enfances, Familles, Générations*, (23), i–xxxvii. https://doi.org/10.7202/1034196ar

- O. Vecho, B. Schneider, C. Zaouche-Gaudron, « Homoparentalité et assistance médicale à la procréation : que sait-on du développement des enfants de mères lesbiennes ? », *Neuropsychiatrie de l'Enfance et de l'Adolescence*, Volume 66, Issue 6, 2018, Pages 382-395, ISSN 0222-9617, https://doi.org/10.1016/j.neurenf.2018.06.001.

- https://www.insee.fr/fr/statistiques/1303232?sommaire=1303240

- *La discipline positive : en famille, à l'école, comment éduquer avec fermeté et bienveillance*, Jane Nelsen, Marabout, 2014.

- https://www.autismeinfoservice.fr/adapter/essentiel/chiffres-statistiques

- https://www.oecd.org/fr/els/soc/inegalite-et-pauvrete.htm

- https://www.msdmanuals.com/fr/accueil/probl%C3%A8mes-de-sant%C3%A9-de-la-femme/complications-de-la-grossesse/fausse-couche

- https://afar.info/biblio/public/2947.pdf

- Margarida Gaspar Matos, PhD; Luis Calmeiro, PhD; David D Fonseca, PhD, *Effet de l'activité physique sur l'anxiété et la dépression* : https://rke.abertay.ac.uk/ws/portalfiles/portal/8519499/CalmeiroLPresse-Med-S-08-00417Author.pdf

- https://www.yvelines-infos.fr/40-des-violences-conjugales-debutent-lors-de-la-premiere-grossesse/

- *La charge sexuelle*, Clémentine Gallot et Caroline Michel, éditions First, 2020.

- https://www.inshs.cnrs.fr/fr/le-viol-conjugal#:~:text=Depuis%20la%20loi%20du%204,crimes%2C%20mais%20au%20tribunal%20correctionnel.

- Le podcast *Free from desire* d'Aline Laurent-Mayard sur Paradisio Média et le livre *Asexualité : comprendre l'orientation invisible* de Julie Sondra Decker, Améthyste Éditions, 2021.

Découvrez aussi chez Hatier Parents :

Achevé d'imprimer en France
par Imprimerie de Champagne

Dépôt légal : 10398-6/01 – mai 2025

PAPIER CERTIFIÉ

Hatier s'engage pour l'environnement en réduisant l'empreinte carbone de ses livres.
Celle de cet exemplaire est de :
800 g éq. CO_2
Rendez-vous sur
www.hatier-durable.fr